首都圏版⑰ 使いやすい！教えやすい！家庭学習に最適の問題集！

淑徳小学校
宝仙学園小学校

JN035352

2021年度版 過去問題集

＜問題集の効果的な使い方＞

①お子さまの学習を始める前に、まずは保護者の方が「入試問題」の傾向や難しさを確認・把握します。その際、すべての「学習のポイント」にも目を通しましょう。
②入試に必要なさまざまな分野学習を先に行い、基礎学力を養ってください。
③学力の定着が窺えたら「過去問題」にチャレンジ！
④お子さまの得意・苦手が分かったら、さらに分野学習をすすめレベルアップを図りましょう！

最新の入試問題と特徴的な出題を含めた全40問掲載

合格のための問題集

淑徳小学校

お話の記憶	1話5分の読み聞かせお話集①②
記憶	Jr・ウォッチャー 20「見る記憶・聴く記憶」
数量	Jr・ウォッチャー 43「数のやりとり」
推理	Jr・ウォッチャー 33「シーソー」
常識	Jr・ウォッチャー 56「マナーとルール」

宝仙学園小学校

記憶	Jr・ウォッチャー 20「見る記憶・聴く記憶」
推理	Jr・ウォッチャー 2「座標」、47「座標の移動」
数量	Jr・ウォッチャー 37「選んで数える」
記憶	1話5分の読み聞かせお話集①②
言語	Jr・ウォッチャー 26「文字・数字」

日本学習図書 ニチガク

こんなこと…ありませんか?

「ニチガクの問題集…買ったはいいけど、、、
この問題の教え方がわからない(汗)」

メールでお悩み解決します!

- ホームページ内の専用フォームで必要事項を入力!
- 教え方に困っているニチガクの問題を教えてください!
- 確認終了後、具体的な指導方法をメールでご返信!
- 全国どこでも! スマホでも! ぜひご活用ください!

<質問回答例>

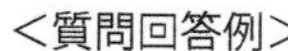

学習のポイント

推理分野の学習では、後の学習に活きる思考力を養うことができます。ご家庭で指導する場合にも、テクニックにたよらず、保護者の方が先に基本的な考え方を理解した上で、お子さまによく考えさせることを大切にして指導してください。

Q.「お子さまによく考えさせることを大切にして指導してください」と学習のポイントにありますが、考える習慣をつけさせるためには、具体的にどのようにしたらいいですか?

A. お子さまが考える時間を持てるように、質問の仕方と、タイミングに工夫をしてみてください。
たとえば、「答えはあっているけど、どうやってその答えを見つけたの」「答えは○○なんだけど、どうしてだと思う?」という感じです。はじめのうちは、「必ず30秒考えてから手を動かす」などのルールを決める方法もおすすめです。

まずは、ホームページへアクセスしてください!!

http://www.nichigaku.jp 日本学習図書 検索

家庭学習ガイド
淑徳小学校

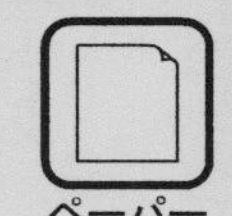

入試情報

応募者数：男女 311 名
出題形態：ペーパーテスト
面　　接：保護者・志願者
出題領域：ペーパー（記憶・数量・推理・図形・常識・言語など）、行動観察

入試対策

2020年度は、推薦入試は行動観察（集団）と面接（集団／親子）、一般入試はペーパーテストと行動観察（集団)、面接（親子）という内容で行われました。当校の教育方針や中学受験を含めた指導には定評があり、例年、募集人数の２倍を超える応募があります。ペーパーテストでは、特に難度の高い分野というものはありませんが、「指示をきちんと聞く」ということに力点が置かれている出題が目立ちます。また、生活常識に関する出題も例年ありますので、日々の生活からマナーや知識を学ぶようにしましょう。

- ●ペーパーテストは1問1ページの冊子形式です。回答時間は長めですが、すべてを解き終えたあとで見直すことはできません。問題を解き終えたら、すぐに見直しをする習慣を付けましょう。
- ●行動観察では、フルーツバスケットやジャンケンゲームといったゲームのほか、塗り絵などの作業も集団で行われています。
- ●面接では、保護者に対して志望動機や教育方針、子どもへの接し方といった質問がありました。一般入試の受験者に対しては、「なぜ、第一志望なのに推薦の試験を受けないのか」という答えにくい質問もあったようです。また、志願者に対しても幼稚園について等多くの質問があったようですので、事前に準備は必須です。時間は 10 分程度です。

必要とされる力 ベスト6

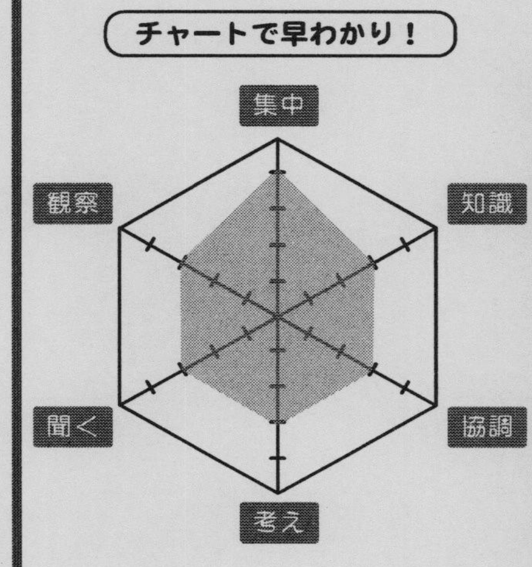

特に求められた力を集計し、左図にまとめました。
下図は各アイコンの説明です。

	アイコンの説明
集中	集　中　力…他のことに惑わされず１つのことに注意を向けて取り組む力
観察	観　察　力…２つのものの違いや詳細な部分に気付く力
聞く	聞　く　力…複雑な指示や長いお話を理解する力
考え	考える力…「～だから～だ」という思考ができる力
話す	話　す　力…自分の意志を伝え、人の意図を理解する力
語彙	語　彙　力…年齢相応の言葉を知っている力
創造	創　造　力…表現する力
公衆	公衆道徳…公衆場面におけるマナー、生活知識
知識	知　　識…動植物、季節、一般常識の知識
協調	協　調　性…集団行動の中で、積極的かつ他人を思いやって行動する力

※各「力」の詳しい学習方法などは、ホームページに掲載してありますのでご覧ください。http://www.nichigaku.jp

「淑徳小学校」過去の出題データ

〈合格のためのアドバイス〉

仏教精神を情操教育の基盤とした教育を行っている当校では、創立以来、「真剣に学ぶ」ことが伝統にあり、共に助け合って、共に励む姿勢を大切にしています。

確かな基礎学力を育むため、学習内容は、淑徳独自のカリキュラムを設けており、6年生では、始業前の確認ミニテスト、放課後や夏休みには希望者に補習を行うなど、中学受験にも対応できるよう取り組んでいます。

英語教育は創立以来、ネイティブの先生を中心に行われています。

また、学習以外でも春は遠足やスポーツ大会、夏には七夕集会や高原学園、秋には大運動会や演劇鑑賞会、そして冬にはスキー教室や音楽鑑賞会など1年を通してたくさんの楽しい行事も行われています。

2020年度入学試験では、推薦入試は**行動観察・集団および親子面接**、一般入試は**保護者・志願者面接**、**ペーパーテスト**、**行動観察**が行われました。ペーパーテストでは、**お話の記憶**、**数量**、**観察思考（図形や推理）**、**生活常識**が出題されており、生活の中で一緒に考え、知識へ繋がるような取り組みが必要です。**行動観察**では、ゲームやジャンケン列車などの集団遊びが行われ、ふだんのお子さまの様子を観る出題となっています。

淑徳の心・淑徳の子どもとして、「感謝の心で人のためにつくす子ども、教えや話をよく聞く子ども、物を大切に扱う子ども、挨拶がはっきりできる子ども」「いつくしみの心で友だちと仲良くできる子ども、あやまちを許し合う子ども、動物や植物を大切にする子ども」「創造する心でより優れた物を目指す子ども、理想を求めて努力する子ども、創意と工夫をこらし新しいものを作り出す子ども」を挙げており、入学試験では、その素地を観ていると言えるでしょう。

公開授業や公開行事などに参加し、淑徳の子どもたちを間近に見ることで、当校が大切にしている教育姿勢に触れておくとよいでしょう。

なお、学校から受験生に対して、以下の要望が出されています。「試験官の話をよく聞き、理解し、問題に取り組むことができるように（推薦・一般）」「基本的な生活習慣や生活常識が身についているように（推薦・一般）」「自分の名前は書けるように（ひらがなでよい）（一般）」「数は20ぐらいまでは数えられ，簡単なたし算とひき算がわかるように（一般）」などです。

〈2020年度選考〉

◆保護者・志願者面接（考査当日に実施／10分）
◆ペーパーテスト（20分）
お話の記憶、数量、系列、常識など
◆行動観察
制作、集団遊び（ジャンケン列車など）

◇過去の応募状況

2020年度	男女	311名
2019年度	男女	293名
2018年度	男女	257名

入試のチェックポイント

◇受験番号は「願書提出順」
◇生まれ月の考慮…「なし」

〈本書掲載分以外の過去問題〉

◆数量：買い物をするため、必要なコインの数だけ○を書く。[2016年度]
◆記憶：絵を覚え、場所が入れ替わっている物を選んで○をつける。[2017年度]
◆常識：季節の行事や日常生活で使う道具として正しい物を選ぶ。[2015年度]
◆図形：上下の写真を見て、違うところを見つける。[2017年度]
◆推理：ひもでつなげた形を、輪にした時の正しい形を選ぶ。[2017年度]

家庭学習ガイド
宝仙学園小学校

入試情報

応募者数：男子 144 名　女子 108 名
出題形態：ペーパー
面　　接：保護者面接・志願者面接
出題領域：ペーパー（推理、置換、記憶、図形、数量、ひらがな識字など）、行動観察、運動

入試対策

当校の入学試験は、推薦入試と一般入試があります。推薦入試は、知能指数が 125 以上で、園長または塾長の推薦を受けていることなどが出願条件となります。評価は、行動観察を重視しており、さらに保護者面接、素質検査（ペーパーテスト）、児童面接を行い、総合的に判断しています。素質検査の観点は３つあります。１つ目は、聞き取る力とそれを理解する能力である「指示理解」。２つ目は数を数える力である「数理」。３つ目として、ひらがなが読める力として「言語」。以上のことは、必ず身に付けましょう。日常生活におけるマナーを問う口頭試問の問題も出題されていますので、あらかじめ準備をしておくとよいでしょう。

- ●上記の「指示理解」「数理」では、指示の聞き取りと思考力が観点となっています。ふだん学習の際にも、指示をしっかり聞き取ったか、よく考えたかなどを、正解することと同じように評価してください。
- ●ひらがなを読む力は、すぐに身に付けることができません。早い時期から余裕を持って取り組み、簡単な絵本や言葉カードなどを使って、少しずつ正確に覚えるようにしていきましょう。
- ●実際の試験問題のイラストは、カラーです。

必要とされる力 ベスト６

チャートで早わかり！

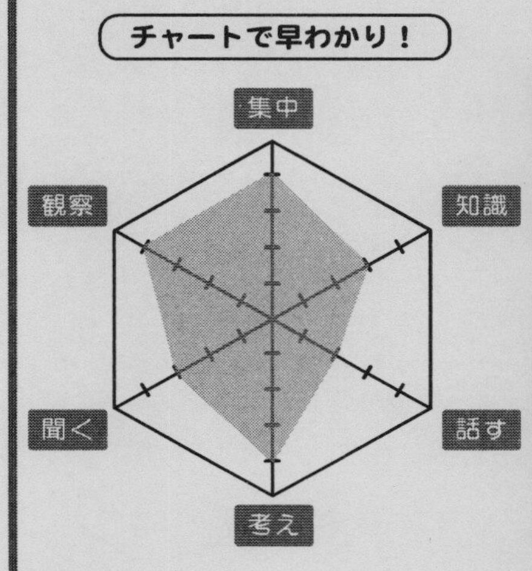

特に求められた力を集計し、左図にまとめました。
下図は各アイコンの説明です。

	アイコンの説明
集中	集　中　力…他のことに惑わされず１つのことに注意を向けて取り組む力
観察	観　察　力…２つのものの違いや詳細な部分に気付く力
聞く	聞　く　力…複雑な指示や長いお話を理解する力
考え	考える力…「～だから～だ」という思考ができる力
話す	話　す　力…自分の意志を伝え、人の意図を理解する力
語彙	語　彙　力…年齢相応の言葉を知っている力
創造	創　造　力…表現する力
公衆	公衆道徳…公衆場面におけるマナー、生活知識
知識	知　　識…動植物、季節、一般常識の知識
協調	協　調　性…集団行動の中で、積極的かつ他人を思いやって行動する力

※各「力」の詳しい学習方法などは、ホームページに掲載してありますのでご覧ください。http://www.nichigaku.jp

「宝仙学園小学校」について

＜合格のためのアドバイス＞

かならず
読んでね。

当校は「豊かな情操と高い学力」を目標に掲げ、仏教精神を基幹に情操豊かな人間形成を行っています。また、卒業児童のほとんどが国立・私立中学校を受験することから、中学受験に適応できる高い学力を育てています。

入学試験は一般入試と推薦入試があります。推薦入試では、当校が第1志望であること、知能指数が125以上であること、在籍する幼稚園・保育園などの園長から推薦を受けていることなどが出願の条件です。

一般入試では、保護者面接、素質検査（ペーパー）、行動観察、志願者面接が実施されました。保護者面接では、家庭の教育方針や学校への協力の意志を問われたようです。素質検査は、お話の記憶、言語、数量、図形などの分野から出題されました。まず、問題で指示されたことを確実に聞き取り、記憶し、理解する力が重要です。対策として、学習時だけでなく、お手伝いなど日常生活の中においても、聞く、理解する、それを確実に実行するということを、お子さまに意識させてください。当校の校章の三角形は「児童・保護者・教師」の三者が、よく結び付き、効果を高めることを意味しています。教育は学校だけでなく、保護者の協力が必要だという当校の教育の方針をよく理解して受験をしてください。

数量、図形の問題は、規則性の理解を問うような内容が出題されました。これらの問題には、実際の具体物を使用した学習で基礎基本を理解した上で、過去問題・類似問題などを繰り返し練習しておくとよいでしょう。また、言語分野ではひらがなを読めることが前提となっている問題があります。日常的に絵本などに触れる環境を作り、単に読み聞かせるだけでなく、文字についても一応の知識を身に付けるようにしましょう。

行動観察では、積み木などを使用した自由遊びや、模倣運動、片足立ちが行われました。児童面接では、元気よく挨拶することや、ていねいな言葉遣い、はきはきした話し方などが観点になりました。当校の入試では、志願者の行動が素質検査以上に重視される傾向があります。設問としての行動観察や面接だけでなく、入試会場に入った瞬間から行動のすべてが判断の材料となります。付け焼刃では対応できませんので、生活習慣として身に付けるよう努めてください。

＜2020年度選考＞

＜面接日＞
- ◆志願者面接（考査日に実施）
- ◆保護者面接（考査日に実施）

＜考査日＞
- ◆ペーパー（個別／約20分）
- ◆行動観察・運動（集団）：
  積み木で形作り
  スキップ、片足立ち、手の運動

◇過去の応募状況

2020年度	男子144名	女子108名
2019年度	男子165名	女子116名
2018年度	男子145名	女子107名

入試のチェックポイント

◇生まれ月の考慮…「なし」
◇受験番号…「願書提出順」

＜本書掲載分以外の過去問題＞

- ◆記憶：絵を覚え、その男の子の身に付けていた物を選んで○をつける。［2016年度］
- ◆推理：指示にしたがって、○×△の記号を置き換える。［2017年度］
- ◆図形：お手本と比べて、足りない線を描き足す。［2017年度］

㊢ 先輩ママたちの声！

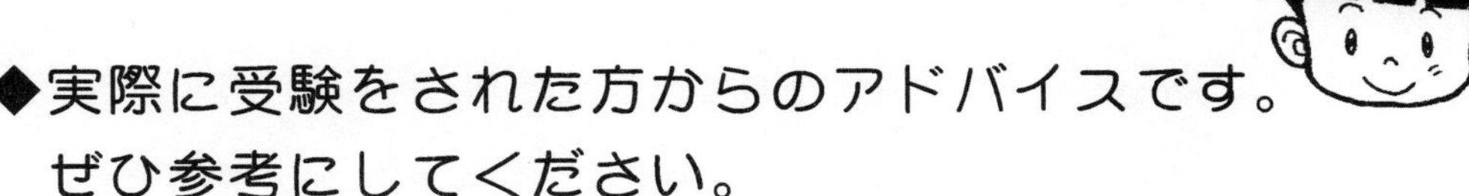

◆実際に受験をされた方からのアドバイスです。
ぜひ参考にしてください。

淑徳小学校

・あまり難しい問題は出題されなかったようです。読み聞かせの継続と、早くから数をしっかり勉強しておくとよいと思います。

・公開授業に行かなかったのですが、後悔しました。説明会も大切ですが、実際の授業を見学した方が学校のことがよくわかると思います。

・面接は、保護者のどちらか１人でもよいということでしたが、２人で来校されている方が多いようでした。合否に関係はないと思いますが、父親の仕事に関しても質問されましたので、１人で行く方はしっかり準備して行かれるとよいと思います。

宝仙学園小学校

・質問には、ほとんど主人が答えていましたが、その後必ずといっていいほど、「お母さまはいかがですか」と聞かれました。夫婦間での意思疎通は絶対に必要だと思いました。

・面接では、願書などの提出書類に関することを細かく質問されましたが、和やかな雰囲気だったのでうまく答えることができました。

・学校の教育方針が明確で、それをストレートに説明してくださるので、説明会への参加はとても有意義に感じました。

淑徳小学校
宝仙学園小学校

過去問題集

〈はじめに〉

　現在、少子化が叫ばれているにもかかわらず、私立・国立小学校の入学試験には一定の応募者があります。入試は、ただやみくもに学習するだけでは成果を得ることはできません。志望校の過去における出題傾向を研究・把握した上で、練習を進めていくこと、その上で試験までに志願者の不得意分野を克服していくことが必須条件です。そこで、本問題集は小学校を受験される方々に、志望校の出題傾向をより詳しく知って頂くために、過去に遡り出題頻度の高い問題を結集いたしました。最新のデータを含む精選された過去問題集で実力をお付けください。

　また、志望校の選択には弊社発行の「**2021年度版　首都圏・東日本　国立・私立小学校　進学のてびき**」をぜひ参考になさってください。

〈本書ご使用方法〉

◆出題者は出題前に一度問題を通読し、出題内容などを把握した上で、〈**準　備**〉の欄に表記してあるものを用意してから始めてください。
◆お子さまに絵の頁を渡し、出題者が問題文を読む形式で出題してください。問題を読んだ後で、絵の頁を渡す問題もありますのでご注意ください。
◆「**分野**」は、問題の分野を表しています。弊社の問題集の分野に対応していますので、復習の際の目安にお役立てください。
◆問題番号右端のアイコンは、各問題に必要な力を表しています。詳しくは、アドバイス頁（ピンク色の１枚目下部）をご覧ください。
◆一部の描画や工作、常識等の問題については、解答が省略されているものがあります。お子さまの答えが成り立つか、出題者が各自でご判断ください。
◆〈**時　間**〉につきましては、目安とお考えください。
◆解答右端の［**〇年度**］は、問題の出題年度です。［**2020年度**］は、「2019年の秋から冬にかけて行われた2020年度入学志望者向けの考査で出題された問題」という意味です。
◆**学習のポイント**は、指導の際にご参考にしてください。
◆【**おすすめ問題集**】は各問題の基礎力養成や実力アップにご使用ください。

〈本書ご使用にあたっての注意点〉

◆文中に**この問題の絵は縦に使用してください。**と記載してある問題の絵は縦にしてお使いください。
◆〈**準　備**〉の欄で、クレヨンと表記してある場合は12色程度のものを、画用紙と表記してある場合は白い画用紙をご用意ください。
◆文中に**この問題の絵はありません。**と記載してある問題には絵の頁がありませんので、ご注意ください。なお、問題の絵の右上にある番号が連番でなくても、中央下の頁番号が連番の場合は落丁ではありません。

　下記一覧表の●がついている問題は絵がありません。

問題1	問題2	問題3	問題4	問題5	問題6	問題7	問題8	問題9	問題10
									●
問題11	問題12	問題13	問題14	問題15	問題16	問題17	問題18	問題19	問題20
問題21	問題22	問題23	問題24	問題25	問題26	問題27	問題28	問題29	問題30
									●
問題31	問題32	問題33	問題34	問題35	問題36	問題37	問題38	問題39	問題40
●									

◎学習効果を上げるため、前掲の「家庭学習ガイド」及び「合格のためのアドバイス」をお読みになり、各校が実施する入試の出題傾向を、よく把握した上で問題に取り組んでください。
※冒頭の「本書ご使用方法」「ご使用にあたっての注意点」も併せてご覧ください。

〈淑徳小学校〉

2020年度の最新問題

問題1　分野：お話の記憶

聞く　集中

〈準 備〉　クーピーペン（黒または赤）

〈問 題〉　（問題の絵はお話を読み終わってから渡す）
お話をよく聞いて、後の質問に答えてください。

ウサギさんとネズミさんとリスさんとタヌキさんは、野原で追いかけっこをして遊んでいました。「あっ、あんなところにイチゴがいっぱいあるぞ」とウサギさんが畑を指さして言いました。４匹がそばに行くと、畑には、美味しそうなイチゴがいっぱいできています。ネズミさんは、「美味しそうだね」と言って、畑に入ろうとしています。「ここに『畑に入るな』って書いてあるよ」とタヌキさんが、立て札を見つけて言いました。ネズミさんは。畑に入るのをやめようとしました。その時、ウサギさんが畑に落ちているイチゴの食べかすを見つけて、「誰か食べているよ」と言いました。するとネズミさんも、「そうだね。みんなも食べているのだから、僕たちも食べていいよね」と言いました。リスさんが「そうかなあ」と言いました。ウサギさんとネズミさんは顔を見合わせて言いましたが、「食べちゃいけないんだよね」と、ネズミさんがにっこりして言いました。「よし。追いかけっこの続きだ」とタヌキさんが言いました。４匹の動物たちは元気に野原を走って行きました。

①お話で出てきていないのは誰ですか。１つ選んで○をつけてください。
②畑にできていたのは何ですか。１つ選んで○をつけてください。
③立て札を見つけたのは誰ですか。１つ選んで○をつけてください。
④イチゴの食べかすを見つけたのは誰ですか。１つ選んで○をつけてください。
⑤「食べちゃいけないんだよね」と言ったのは誰ですか。１つ選んで○をつけてください。

〈時 間〉　各10秒

〈解 答〉　①ブタ　②イチゴ　③タヌキ　④ウサギ　⑤ネズミ

［2020年度出題］

学習のポイント

当校のお話の記憶の問題では、動物たちの交流を描いたお話がよく出題されています。質問のほとんどはお話には沿っているものの、細かい点も質問されるので「誰が」「何を」「どうした」の３点をしっかりと覚えましょう。また、お話の舞台となっている季節など、ストーリーとは直接関係のない問題も出題されることがあります。年齢なりの知識、「常識」も備えておくべきでしょう。とは言え、文字数で言えば「540」、標準よりはゆっくりと読まれるのが当校入試の「お話の記憶」です。ある程度対策学習を積んだお子さまなら、苦もなく回答できるはずです。

【おすすめ問題集】

１話５分の読み聞かせお話集①・②、１話７分の読み聞かせお話集 入試実践編①
お話の記憶 初級編・中級編・上級編、Ｊｒ・ウォッチャー19「お話の記憶」

問題2 分野：記憶（見る記憶）

観察 集中

〈準 備〉 クーピーペン（黒または赤）

〈問 題〉 ①（問題２－１の絵を見せる）
この絵をよく見て覚えましょう。
（20秒後、問題２－１の絵を伏せて２－２の絵を渡す）
同じところにあるシャツに○をつけてください。

②（問題２－３の絵を見せる）
この形を見て覚えましょう。
（20秒後、問題２－３の絵を伏せて２－４の絵を渡す）
今覚えた形と同じ形に○をつけてください。

〈時 間〉 各10秒

〈解 答〉 省略

［2020年度出題］

学習のポイント

「見る記憶」の問題です。「（同じところに）あったものに○をつける」という問題で、解答数まで親切に教えてくれることもあるようです。とは言え、そのものだけなく位置も覚えなくてはならないので、こうした問題に対応するための記憶方法は学んでおいた方がよいでしょう。全体を俯瞰して（眺めて）、その後細部を観察するというのが絵を記憶する上での基本です。この基本にどこに何があったという「位置の記憶」をプラスするという形がわかりやすいでしょう。①なら、「シャツが６枚ある」→「縦縞、格子、横縞などの模様がある」→「上段に左から幅の狭い縦縞、幅の広い格子…」といった形なります。このように段階を踏んで覚えれば、覚える効率がよくなるだけでなく、覚え忘れ少なくなります。一度試してください。

【おすすめ問題集】

Ｊｒ・ウォッチャー20「見る記憶・聴く記憶」

問題3　分野：数量（総合）

観察　集中

〈準 備〉　クーピーペン（黒または赤）

〈問 題〉　（問題３－１の絵を渡す）
①ハサミと鉛筆と消しゴムがあります。数を数えて、その数だけ下の四角の中に〇を書いてください。

（問題３－２の絵を渡す）
②上の段の左の四角を見てください。黒いところが多い方に〇をつけましょう。右の四角も同じように黒いところが多い方に〇をつけましょう。
③真ん中の段を見てください。
リンゴが３個ありました。４個もらうと全部で何個になりますか。その数だけ〇を右の四角に書いてください。
④下の段を見てください。
イチゴが６個ありました。３個食べた後、５個もらいました。今イチゴは何個ありますか。その数だけ〇を右の四角に書いてください。

〈時 間〉　各10秒

〈解 答〉　①鉛筆〇：９個　ハサミ〇：５　消しゴム〇：７個
②左の四角：右、右の四角：左　③〇：７　④〇：８

［2020年度出題］

学習のポイント

数量の総合問題です。①の「選んで数える」から始まって、④の「数のやりとり」までさまざまな切り口の問題があります。いずれも基礎問題なのでこれと言って特殊な解き方というのはどの問題にもありませんが、「1～10までのものなら、ひと目でいくつあるかがわかる」といった感覚があれば、スムーズに答えられるのではないでしょうか。①のように３種類のものが、ランダムに配されている問題にも充分対応できるようになるでしょう。この数に対する感覚、特別な才能というわけではなく、鍛えればすぐに身に付くものです。おかしでも何でもかまいませんが、「声を出さずに、指も使わないでいくつあるか言ってみて」とお子さまに言ってみてください。機会があるたびに言えば、そういった感覚が自然に身に付いてきます。

【おすすめ問題集】

Ｊｒ・ウォッチャー37「選んで数える」、38「たし算・ひき算１」、39「たし算・ひき算２」、43「数のやりとり」

問題4　分野：推理（条件迷路）

観察　集中

〈準　備〉　クーピーペン（黒または赤）

〈問　題〉　左上の四角の中に書いてある「♡☆◇」の順番を守ってネズミさんがゴールの旗まで進みます。進むことができる道を探して、線を引きなさい。

〈時　間〉　各25秒

〈解　答〉　下図参照

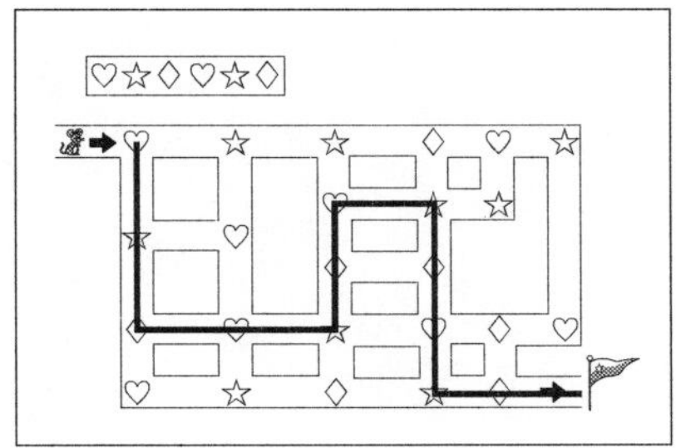

［2020年度出題］

学習のポイント

迷路を進む条件が簡単な系列（パターン）になっているというユニークな問題です。迷路そのものは複雑ではないので、「パターンを守って進む」ということが理解できればすぐに答えられるでしょう。迷路の問題には「ゴールから逆に辿る」というハウツーがありますが、この問題には複数の入口と出口を結ぶ複数のルートがあるので使わない方が考えやすいかもしれません。また、逆のパターン（◇☆♡）を辿ることも混乱の原因になりそうです。訂正をいくつもするとどうしても答案用紙が見にくくなってしまうので、ルートをスタートからゴールまで指でなぞった後、線をひくという形で答えるのが理想的です。

【おすすめ問題集】

Ｊｒ・ウォッチャー７「迷路」、51「運筆①」、52「運筆②」

問題5　分野：図形（図形の構成）

考え　観察

〈準　備〉　クーピーペン（黒または赤）

〈問　題〉　左の四角にさまざまなものが重なって影になっています。重なっていないものを右の四角の中から選んで、○をつけてください。

〈時　間〉　１分30秒

〈解　答〉　下図参照

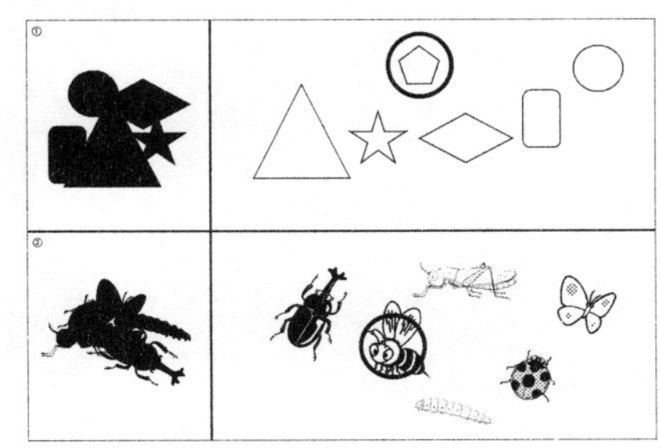

［2020年度出題］

学習のポイント

さほど迷わずに正解できるかもしれませんが、答えに詰まるようなら次のような手順をとってみてください。①右の四角の図形やものの輪郭の特徴的な部分に印（✓）を付ける。②左の四角にある形（見本の）にそれと同じものを見つけて印（✓）を付ける。③印のない選択肢に○をつける（解答する）、という手順になります。慣れると①、②の特徴的な部分を速く見つけられるようになり、印を付けなくても答えがわかるようになります。図形分野の問題には共通して言えることですが、観察しながらそれぞれの特徴を見つけていくことで解答時間が短縮できるようになるのです。なお、印は何でもよいのですが、答えと混同されないように気を付けてください。

【おすすめ問題集】

Ｊｒ・ウォッチャー９「合成」

問題６　分野：推理（観覧車）

考え　観察

〈準備〉　クーピーペン（黒または赤）

〈問題〉　動物たちが観覧車に乗るために並んでいます。ペンギンから１匹ずつ順番に乗っていくと、ゾウさんはどこに乗ることになりますか。その場所に○をつけてください。ただし、クマさんは降りずに乗ったままなので、クマさんのゴンドラにのることはできません。

〈時間〉　各30秒

〈解答〉　下図参照

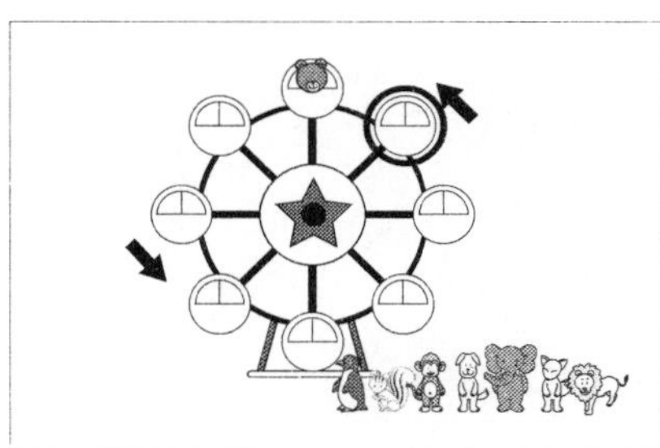

学習のポイント

観覧車の問題ですが、通常の系列のようにパターンを発見するのものではなく、「並んでいる動物が順番にゴンドラに乗っていくとどうなるか」を聞いています。ゴンドラと動物を互い違いに数えてもいいですし、動物とその動物が乗るゴンドラを線で結んでいってもよいでしょう。ポイントというほどのことではないですが、「クマが乗ったまま観覧車が回転する」という点に注意してください。順番が１つずれます。それ以外は特に注意する点はありません。基礎的な問題ですから、正確に答えましょう。

【おすすめ問題集】

Ｊｒ・ウォッチャー50「観覧車」

問題7　分野：点・線図形（模写）　集中

〈準 備〉　鉛筆

〈問 題〉　上の見本と同じになるように、下の四角に線を書いてください。

〈時 間〉　１分30秒

〈解 答〉　省略

［2020年度出題］

学習のポイント

図形の模写は当校入試で時折出題されます。点と点の間に直線を引くという課題ですが、ここでは主に、筆記用具が正しく使えているかをチェックしています。少々線が歪んでいても気にすることはありません。当校の入試では解答に鉛筆を使いますが、正しく握っていないと筆圧が強くなって線が太くなったり、滑らかに線が引けなくなります。それが疑われるような結果でなければよい、といった認識で保護者の方もお子さまの引いた線を見てください。正しい持ち方をしていなければ矯正するように指導し、正しい持ち方をしていてもうまく線を引いていない場合は、筆の運び方を教えましょう。なお、線の始点と終点を視界に入れてペン先を動かすようにすると、思い通りのものに近い線が引けるようになります。

【おすすめ問題集】

Ｊｒ・ウォッチャー１「点・線図形」、51「運筆①」、52「運筆②」

家庭学習のコツ①　「先輩ママのアドバイス」を読みましょう！

本書冒頭の「先輩ママのアドバイス」には、実際に試験を経験された方の貴重なお話が掲載されています。対策学習への取り組み方だけでなく、試験場の雰囲気や会場での過ごし方、お子さまの健康管理、家庭学習の方法など、さまざまなことがらについてのアドバイスもあります。先輩ママの体験談、アドバイスに学び、ステップアップを図りましょう！

問題8　分野：複合（言語・常識）

聞く　知識

〈準備〉　クーピーペン（黒または赤）

〈問題〉　①上の段を見てください。１個、２個と数えるのはどれですか３つ選んで○をつけてください。
②真ん中の段を見てください。電車に乗ります。どのように乗るとよいですか。１つ選んで○をつけてください。
③下の段を見てください。箸を持ちます。どのように持つとよいですか。１つ選んで○をつけてください。

〈時間〉　各10秒

〈解答〉　下図参照

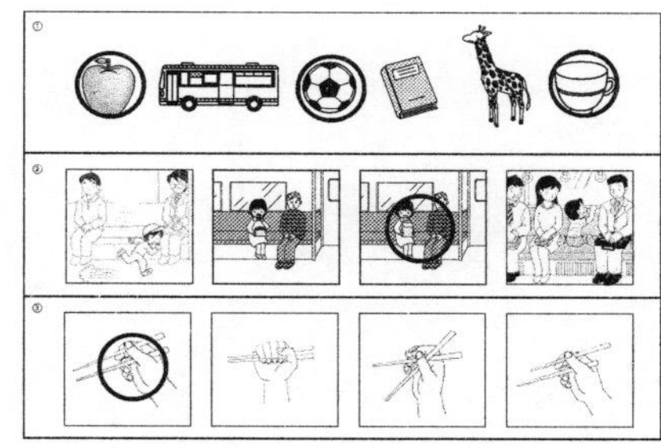

［2020年度出題］

学習のポイント

①は数え方（「数詞」と言います）についてたずねる問題です。最近は箪笥（たんす）を「一竿（さお）」と数えない人も多いように、年々変化する言葉ですが、ふだんの生活で目にするものついては最低限知っておきましょう。本、皿、生きものなど「～個」と数えないものに注意です。②③は常識の中でもマナーに関する問題です。自然と覚えることではないので、こればかりは保護者の方が教えないといけません。できれば生活の中で、なぜそうするのかを含めて教えるようにしてください。納得していないと、知識としては覚えられても行動が伴わないので、行動観察や口頭試問の際に出てしまうことがあります。

【おすすめ問題集】
Ｊｒ・ウォッチャー11「いろいろな仲間」、12「日常生活」、
18「いろいろな言葉」、25「生活巧緻性」、56「マナーとルール」

家庭学習のコツ②　「家庭学習ガイド」はママの味方！

問題演習を始める前に、試験の概要をまとめた「家庭学習ガイド（本書カラーページに掲載）」を読みましょう。「家庭学習ガイド」には、応募者数や試験科目の詳細のほか、学習を進める上で重要な情報が掲載されています。それらの情報で入試の傾向をつかみ、学習の方針を立ててから、対策学習を始めてください。

問題9　分野：常識（理科）

聞く　集中

〈準　備〉　クーピーペン（黒または赤）

〈問　題〉　上のくだものを切るとどのようになりますか。上の段の絵と下の段の絵を線で結んでください。

〈時　間〉　10秒

〈解　答〉　下図参照

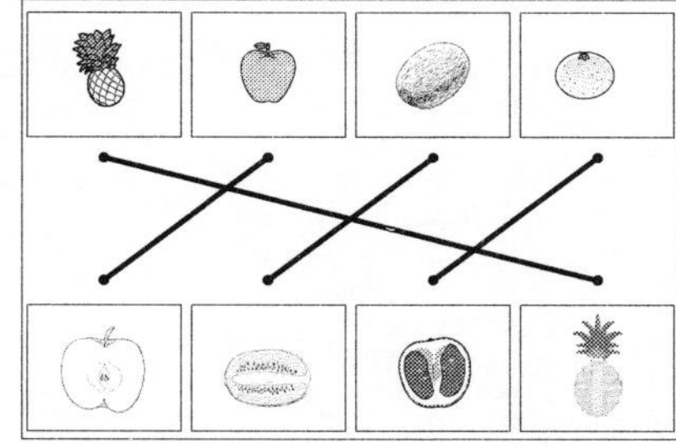

［2020年度出題］

学習のポイント

最近はあまり見ないくだものの断面図の問題です。当校の常識分野の問題はあまり複雑な問題は出題されず、こういった生活で得る知識を中心に出題されます。だからと言って、生活の場面でしか学習しないとどうしても足りないものが出てくるので、次のような常識は問題集やネットを通して覚えるようにする必要があるでしょう。①現在の生活環境にないもの。使っていない家電や生活用品、例えば石油ストーブやこたつなどのほか、見たことのない動植物などもこれに入ります。職業の道具（のこぎりなど）にも注意してください。②経験していない、経験しそうにないこと。男の子ならひなまつり、女の子なら端午の節句といったあたりです。最近は出題されませんが、七五三や盆踊りなども出題されたことがあります。

【おすすめ問題集】

Ｊｒ・ウォッチャー27「理科」、55「理科②」

問題10　分野：面接

聞く　話す

〈準 備〉　なし

〈問 題〉　この問題の絵はありません。

【父親・母親へ】
①お子さまの性格を、良い所と悪い所をそれぞれ説明してください。
②幼稚園の先生がおっしゃられる、お子さまの短所はどこですか。
③お子さまは身の回りのことを、自分できちんとできますか。
④習い事はしていますか。
⑤本校をどのようにして知りましたか。
⑥なぜ本校を受験されようと思いましたか。
⑦英語についてどのように考えていますか。
⑧バザーなどの学校行事について、どう思われますか。
⑨身体についてのアレルギーや心配事など、学校に伝えたいことはありますか。

【お子さまへ】
①名前を教えてください。今通っている幼稚園の名前を教えてください。
②家ではどんな遊びをしますか。
③幼稚園で仲のよいお友だちの名前を教えてください。
　→そのお友だちと、ケンカをしますか？
④好きな食べ物、嫌いな食べ物を教えてください。
　→嫌いな食べ物が給食にでたらどうしますか。
⑤今日の試験は楽しかった？
　→何が一番楽しかった？

〈時 間〉　適宜

〈解 答〉　なし

［2020年度出題］

学習のポイント

面接はお子さまと保護者２名に対して２名の試験官によって行われました。面接時間は約10分程度で、質問はご家庭ごとに多少異なりますが、ふだんの家庭での様子をうかがうための質問が大部分です。何かあるのかと疑われるのもよくないので、基本的な質問事項に対しては、事前に考えをまとめておいた方がよいでしょう。また、当校の面接では、答えた内容に対して、さらに質問が加えられることがあります。お子さまに「もうすこし詳しく説明して」「それってどういうこと」などもうひとこと説明を加える練習を日頃からしていれば、こういった質問にも無難に答えられるはずです。

【おすすめ問題集】
　面接テスト問題集、入試面接最強マニュアル

問題11　分野：記憶（お話の記憶）

聞く　集中

〈準 備〉　クーピーペン（黒または赤）

〈問 題〉　（問題の絵はお話を読み終わってから渡す）
お話をよく聞いて、後の質問に答えてください。
今日は動物村のお祭りです。クマくんの仕事は、集まったお友だちにアメを配ることです。ゾウのおじさんは、「アメをみんなに3個ずつ配るんだよ」と言って、袋に入ったアメをクマくんに渡しました。お友だちの動物たちはもう、アメをもらうために列になって並んでいます。その列の中に、リスくんがいました。クマくんとリスくんはとても仲良しで、昨日も縄跳びをして一緒に遊んだのです。クマくんは、「リスくんのアメを1個多くしようかな」と思いました。ゾウおじさんの言葉を思い出して、ちょっと迷いましたが、「誰にもわからないし、リスくんもよろこぶよね」と、アメを4個、袋から出しました。その時、リスくんの後ろに並んでいるタヌキさんの姿が見えました。タヌキさんは、とてもうれしそうな顔をして、順番を待っています。「どうしよう」クマくんは、リスくんの顔を見てから、よく考えました。「どうぞ」と、クマくんはリスくんにアメを3個渡しました。「クマくんありがとう」リスくんは笑顔でお礼を言いました。アメを配り終わった後、ゾウのおじさんに「みんなよろこんでいたね。ありがとう」とお礼を言われました。クマくんも「はい」と、笑顔で答えました。

①1番上の段を見てください。クマくんにアメを配るように頼んだのは誰ですか。選んで○をつけてください。
②上から2段目を見てください。クマくんとリスくんは、昨日何をして遊びましたか。選んで○をつけてください。
③上から3段目を見てください。クマくんは、リスくんにアメをいくつあげましたか。その数だけアメに○をつけてください。
④1番下の段を見てください。お話に出てこなかったのは誰ですか。選んで○をつけてください。

〈時 間〉　各10秒

〈解 答〉　①右から2番目（ゾウ）　②左から2番目（縄跳び）　③○：3
④左から2番目（ウサギ）

［2019年度出題］

学習のポイント

当校のお話の記憶では、例年500字程度のお話を題材にして、設問は3～5問、ストーリーに沿った質問が中心です。特別な対策学習をしなくても充分に答えられる内容ですが、「～しなかったのは誰か」といった、少し切り口の違う問題やストーリーはほぼ関係ない質問も見られます。こうした質問に答えられるように、できるだけ場面を思い浮かべながらお話を聞くようにしましょう。「クマくんがゾウのおじさんにアメをたくさんもらった」という場面をイメージし、次に「クマくんがアメをみんなに配っている」ことを思い浮かべるといった形です。イメージすることによって情報を整理することになるので、ストーリー展開はもちろんですが、細部まで覚えやすくなるはずです。

【おすすめ問題集】
1話5分の読み聞かせお話集①・②、1話7分の読み聞かせお話集 入試実践編①
お話の記憶 初級編・中級編・上級編、Jr・ウォッチャー19「お話の記憶」

問題12　分野：記憶（見る記憶）

観察　集中

〈準 備〉　クーピーペン（黒または赤）

〈問 題〉　①（問題12-1の絵を見せる）
この絵をよく見て覚えましょう。
（20秒後、問題12-1の絵を伏せて12-2の絵を渡す）
覚えた絵と同じ絵3つに○をつけてください。
②（問題12-3の絵を見せる）
この絵をよく見て覚えましょう。
（15秒後、問題12-3の絵を伏せて12-4の絵を渡す）
覚えた絵と同じところに印を書いてください。印を書くのは5つです。

〈時 間〉　各20秒

〈解 答〉　①下図参照　　②省略

［2019年度出題］

学習のポイント

当校の見る記憶の問題では、覚えた絵に描かれていたものを探す問題と、記号の位置を答える問題の2パターンで例年出題されています。覚えるものの数や種類はそれほど多くなく、答えるものの数や種類も指示されるので、比較的取り組みやすい問題でしょう。こういった問題では、ものの種類や位置を覚えるための、目の配り方を身に付けることがポイントです。一般的には、全体を見てから各部分に目を配る。各部分を見る時は左から右へと見ていくのがよいとされています。例えば①では、全体を見て6個ものがあることを理解し、その後で左から「地球儀とノート、エンピツとクリップ、消しゴムとハサミ」などと部分ごとに覚えるわけです。何度か同じような問題に取り組めば、スピードと精度も上がるでしょう。

【おすすめ問題集】
Ｊｒ・ウォッチャー20「見る記憶・聴く記憶」

問題13　分野：数量（総合）

集中　考え

〈準備〉　クーピーペン（黒または赤）

〈問題〉　①１番上の段の絵を見てください。バスに乗っているネズミは何匹ですか。その数だけ右の四角に○を書いてください。
②上から２段目の絵を見てください。絵のように、バスにネコが乗っています。次のバス停でネコが２匹乗ってくると、ネコは全部で何匹になりますか。その数だけ右の四角に○を書いてください。
③上から３番目の絵を見てください。絵のように、バスにサルが乗っています。次のバス停でサルが３匹降りると、サルは全部で何匹になりますか。その数だけ右の四角に○を書いてください。
④１番下の段の絵を見てください。絵のようにバスにキツネが乗っています。次のバス停で、キツネが２匹降りて、タヌキが４匹乗ってきました。バスに乗っている動物は、全部で何匹ですか。その数だけ右の四角に○を書いてください。

〈時間〉　20秒

〈解答〉　①○：12　②○：5　③○：2　④○：5

［2019年度出題］

学習のポイント

当校の数量問題では、1～15程度の数を正確に数えられること、その増減を理解できることが前提となっています。本問の数える、加える、減らす、加減するの４種類の計算も、同じ前提で出題されています。ただし、同様の問題をただこなすのはあまり効率のよい学習とは言えません。どうせなら数に対する感覚を身に付けることを目標にしましょう。「数に対する感覚」というのは、10個までのものなら一目でいくつあるかがわかる、10個までの２つの集合を見比べて「どちらが多い・少ない」と判断できる感覚のことを言います。小学校受験では、これがあればほとんどの数量問題に対応できるという便利な感覚です。ぜひ目標の１つにしてみてください。

【おすすめ問題集】

Ｊｒ・ウォッチャー 14「数える」、38「たし算・ひき算1」、39「たし算・ひき算2」、43「数のやりとり」

問題14　分野：複合（推理・数量）

観察　考え

〈準備〉　クーピーペン（黒または赤）

〈問題〉　①上の段の絵を見てください。いくつかの入れものに水が入っています。どれも水面の高さは同じです。２番目に多く水が入っている入れものに、○をつけてください。
②下の段の絵を見てください。左側の絵のように、大きな牛乳パックにはコップ４杯分の牛乳が入っています。小さな牛乳パックにはコップ２杯分の牛乳が入っています。右の絵のように、大きな牛乳パック１本と小さな牛乳バック２本では、合わせてコップ何杯分の牛乳が入っていますか。その分だけコップに○を書いてください。

（問題４－２の絵を渡す）
③左上の絵を見てください。積み木が重なっています。この積み本と同じ数だけ、右の四角に○を書いてください。
④右上の絵を見てください。積み木が童なっています。この積み木と同じ数だけ、右の四角に○を書いてください。
⑤左下の絵を見てください。２つのうち、積み木が多いのはどちらですか。多い方に○をつけてください。
⑥右下の絵を見てください。２つのうち、積み木が多いのはどちらですか。多い方に○をつけてください。

〈時間〉　40秒

〈解答〉　①左から２番目　②○：８　③○：７　④○：10　⑤右　⑥左

［2019年度出題］

学習のポイント

当校の問題は、１問あたりの解答時間が標準より少し長めです。急いで答えようとせず、指示をよく聞き、絵をよく観察して、よく考えてから答えるようにしましょう。本問は、数量の多少や数の置き換えの問題です。①は水面の高さがそれぞれ同じなので、入れものの底面積を比べると多少がわかるでしょう。広い方が水が多いということになります。②は大きい牛乳バック１本と小さい牛乳パック２本なので、コップ４個と４個と２個で合わせて８個と考えてください。③以降は積み木を数える問題です。「絵には描かれていないが実際には（積み木の下に）ある積み木」にさえ注意すれば、それほど難しい問題ではありません。確実に答えていきましょう。

【おすすめ問題集】
Ｊｒ・ウォッチャー14「数える」、15「比較」、16「積み木」、36「同数発見」、53「四方からの観察　積み木編」、58「比較②」

問題15　分野：図形（図形の構成）

観察　考え

〈準備〉　クーピーペン（黒または赤）

〈問題〉　上の四角に描いてある形を周りにある形（ピース）で作ります。使わない形に○をつけてください。

〈時間〉　各15秒

〈解答〉　下図参照

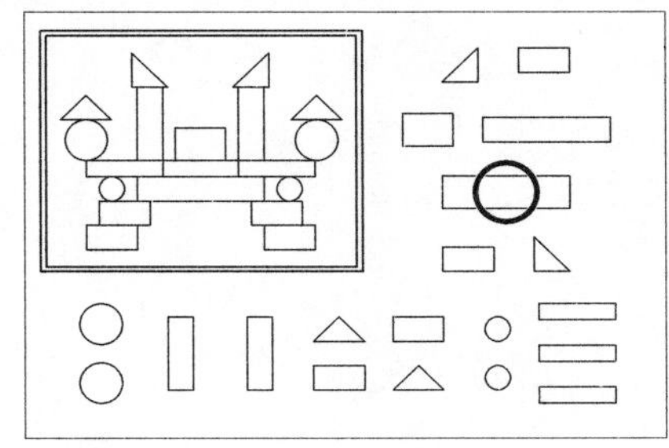

［2019年度出題］

学習のポイント

図形パズルの問題です。基礎的な問題と言えるでしょう。三角形と三角形を合わせて四角形にするといった図形に関する知識は必要なく、周りの形と、見本の形を交互にチェックしていけば答えはわかります。見本の形は左右対称になっているので、左右に置かれている形は２つある、逆に中心にあるものは１つしかない、といったことは慣れているお子さまなら気付くでしょうが、気付かなくても答えるのには困りません。よく観察して、落ち着いて正解を答えられればそれでよしとしてください。

【おすすめ問題集】

Ｊｒ・ウォッチャー３「パズル」、54「図形の構成」

問題16　分野：推理（シーソー・四方からの観察）

観察　考え

〈準備〉　クーピーペン（黒または赤）

〈問題〉　（問題16－１を渡して）
①シーソーで重さ比べをしました。１番軽いものはどれですか。
（問題16－２を渡して）
②動物たちが机の上にあるおやつを見ています。ゾウのところから見るとどのように見えますか。下の段から選んで○をつけてください。

〈時間〉　15秒

〈解答〉　①右端（サクランボ）　②左端

［2019年度出題］

①では４つのシーソーから５つのものの重さの順位付けをします。考え方に慣れていないとお子さまにとってはかなりの難問と言えるでしょう。基本的には「常にシーソーが傾いている（下がっている）側のものが１番重い」、逆に「常にシーソーが傾いていない（上がっている）ものが１番軽い」という法則（わかりづらいことがありますが）を利用して、１番重いものと１番軽いものを仮定し、その後残ったものをシーソーを見ながら順位付けしていく、ということになります。②は四方観察の基礎的な問題です。積み木を積んだものと違い、重なって見えなくなっているものはありません。生活で見慣れているものが出題されているので、陰になって見えない部分も何となく想像できるはずです。

【おすすめ問題集】
Ｊｒ・ウォッチャー　10「四方からの観察」、31「推理思考」、33「シーソー」

問題17　分野：図形（回転図形）

観察　集中　考え

〈準備〉　クーピーペン（黒または赤）

〈問題〉　左の形を矢印の方向に１回回した時、どのようになりますか。正しいものを右の四角から選んで○をつけてください。

〈時間〉　15秒

〈解答〉　①右から２番目　　②左から２番目

［2019年度出題］

学習のポイント

基礎的な回転図形の問題です。最近はこうしたマス目の中に記号が書かれた図形を回転させるという問題が増えてきました。こうした問題ではその記号の位置に注目しましょう。○や□が１回回すとどの位置に移動するのかと考えれば答えはすぐにわかるはずです。なお、同様の問題でもマス目の数が増える、記号の種類が多くなる、△のような方向によって非対称の記号も入るとなるとかなり難しくなります。国立、私立に関わらず難関校では、そういった応用問題の出題も多いので注意するようにしてください。

【おすすめ問題集】
Ｊｒ・ウォッチャー46「回転図形」

問題18　分野：常識（生活常識）　知識

〈準備〉　クーピーペン（黒または赤）

〈問題〉　この絵の中で、お手伝いをしている絵はどれですか。３つ選んで○をつけてください。

〈時間〉　15秒

〈解答〉　下図参照

［2019年度出題］

学習のポイント

特に解説の必要はないと思いますが、「お手伝い」は「保護者のふだん行っている家事を補助すること」です。この認識がないとこの問題には答えられないので、少しはお子さまに手伝いをやらせておいた方がよい、ということなります。うがった見方をすれば、そのあたりの認識のないお子さまは何でも保護者にやってもらっているのではないかとさえ思われるかもしれません。「お手伝い」と言われて正解以外の絵に○をつけるようなお子さまには、年齢なりの常識に欠けているところがあるのではないか、というのが実際の学校の評価でしょう。そういう意味では意外と間違えてはいけない問題とも言えます。

【おすすめ問題集】

Ｊｒ・ウォッチャー12「日常生活」

問題19　分野：常識（季節・生活常識）　知識

〈準備〉　クーピーペン（黒または赤）

〈問題〉　①１番上の段を見てください。夏によく咲く花を選んで○をつけてください。
②上から２段目を見てください。秋によく食べるものを選んで○をつけてください。
③上から３段目を見てください。スプーンを使って食べるものを選んで○をつけてください。
④１番下の段を見てください。火事の時に働く車を選んで、○をつけてください。

〈時間〉　15秒

〈解答〉　①右から２番目（ヒマワリ）　②左から２番目（サツマイモ）
③左端（カレーライス）　④右端（消防車）

［2019年度出題］

学習のポイント

これも特に解説の必要がないぐらいに基本的な常識問題です。机に向かっての学習というよりは生活で知ることが出題されています。もし、学習するなら、生活環境によってはお子さまが知らないことを中心にしてください。ふだん目にすることのない、動植物や行事などです。マンションぐらしなので野菜が育つ様子を知らない、動物園や水族館でしか見られない動物がいる、家庭や幼稚園では行わない季節の行事があるといったことはどこの家庭でもあるでしょう。できれば実物を見たり、経験したほうがよいでしょうが、難しいようならお子さまに、動画や写真でイメージを見せてください。保護者の方が解説すればお子さまの印象にも残るでしょう。

【おすすめ問題集】
　Ｊｒ・ウォッチャー12「日常生活」・34「季節」

問題20　分野：記憶（お話の記憶）

聞く　集中

〈準備〉　なし

〈問題〉　お話をよく聞いて、後の質問に答えてください。
ゾウさんがイモ掘りに行きました。お家に帰るとゾウさんは、「お隣にもあげましょう。ブタさんもイモが好きだからね」ゾウさんは、ざるにイモを載せて、ブタさんの家へ持って行きました。
「畑で取れたイモです。どうぞ」とゾウさんがイモを渡すと、「どうもありがとう」とブタさんは大よろこび。そしてイモの山を見て考えました。「こんなにたくさん、１人で食べてはもったいないな。お隣にもあげましょう」
ブタさんは、お皿にイモを半分取り分けて、タヌキさんの家に行きました。
「いただきものです。どうぞ」とブタさんがイモを渡すと、「どうもありがとう」とタヌキさんは大よろこび。そしてイモの山を見て考えました。「こんなにたくさん、１人で食べてはもったいないな。お隣のネズミさんにもあげましょう。でも、ネズミさんは小さいから、１本でもよろこんでくれるわね」
タヌキさんは、かごに小さいイモを１本入れて、ネズミさんの家に行きました。
「いただきものです。どうぞ」とタヌキさんがイモを渡すと、「どうもありがとう」とネズミさんは大よろこび。小さいイモでも、ネズミさんから見ると大きいイモに見えました。そして考えました。「こんなに大きいイモ、1人で食べてはもったいない。お隣のゾウさんにもあげましょう」ネズミさんはイモを包丁で切りました。半分のイモを抱えて、お隣へ持って行きました。
「いただきものです。どうぞ」とネズミさんがイモを渡すと、「どうもありがとう」とゾウさんはとてもよろこびました。半分のイモでも、ネズミさんが親切に持ってきてくれたのですから。でもおかしいですね。ネズミさんの家のお隣が、どうしてゾウさんの家なのでしょう。それはね、丸い池の周りに、動物たちの家が並んで建っていたからです。

①イモを掘ったのは誰ですか。選んで○をつけてください。
②ブタさんがイモをあげたのは誰ですか。選んで○をつけてください。
③タヌキさんは、イモを何に入れて持っていきましたか。選んで○をつけてください。
④ネズミさんは、お隣に、どれだけイモをあげましたか。選んで○をつけてください。
⑤お話に出てこなかった動物はどれでしょう。選んで○をつけてください。

〈時間〉　適宜

〈解答〉　①左端（ゾウ）　②真ん中（タヌキ）　③左から２番目（皿）
④右から２番目（半分）　⑤左から２番目（サル）

［2018年度出題］

学習のポイント

当校頻出の、動物たちの交流を描いたお話です。それほど長いお話ではありませんが、登場人物やお話の中の出来事などが多く、覚える事柄が多いのが、当校のお話の記憶の特徴です。本問では、登場人物を代えて、イモをやり取りする場面が、ほぼ同じ台詞で繰り返されます。違いは「誰が」「誰に」「どのようにして」「どのくらい」ですから、これらのことを整理しながら聞く必要があります。お話の記憶の分野全般に言えることですが、本問のような、同じような展開や言葉が続くお話を記憶する場合は、文章を丸暗記するよりも、場面を絵に描いたように想像しながら聞くと記憶に残りやすくなります。まずは、お子さまが興味を持つお話で、お話を聞くことの楽しさ、集中力を養いましょう。どういう情景を思い浮かべたか、何が出てきたかなどを確認しながら進めていくとよいでしょう。「お話を聞く」ことに慣れてきたら、「今までより長いお話」「場面転換の多いお話」「今までよりも登場人物の多いお話」に徐々に移していきましょう。お話の場面をイメージする力を養うという意味では、お話の続きを予想させたり、お話の絵を描かせたりするのも、効果的な学習になります。

【おすすめ問題集】

１話５分の読み聞かせお話集①・②、１話７分の読み聞かせお話集 入試実践編①
お話の記憶 初級編・中級編・上級編、Ｊｒ・ウォッチャー19「お話の記憶」

淑徳小学校　専用注文書

年　　月　　日

合格のための問題集ベスト・セレクション

＊入試頻出分野ベスト３

1st 数　量

集中力　観察力　正確さ

2nd 記　憶

観察力　聞く力

3rd 常　識

知　識　聞く力

ペーパーテストでは、各分野から基本的な問題が多く出題されています。時間にも余裕がありますので、見直しを大切にして確実性を重視した練習を心がけてください。

分野	書　名	価格(税抜)	注文	分野	書　名	価格(税抜)	注文
図形	Ｊｒ・ウォッチャー１「点・線図形」	1,500 円	冊	数量	Ｊｒ・ウォッチャー 38「たし算・ひき算 1」	1,500 円	冊
図形	Ｊｒ・ウォッチャー９「合成」	1,500 円	冊	数量	Ｊｒ・ウォッチャー 39「たし算・ひき算 2」	1,500 円	冊
常識	Ｊｒ・ウォッチャー 11「いろいろな仲間」	1,500 円	冊	数量	Ｊｒ・ウォッチャー 43「数のやりとり」	1,500 円	冊
常識	Ｊｒ・ウォッチャー 12「日常生活」	1,500 円	冊	図形	Ｊｒ・ウォッチャー 46「回転図形」	1,500 円	冊
数量	Ｊｒ・ウォッチャー 14「数える」	1,500 円	冊	推理	Ｊｒ・ウォッチャー 47「座標の移動」	1,500 円	冊
数量	Ｊｒ・ウォッチャー 15「比較」	1,500 円	冊	図形	Ｊｒ・ウォッチャー 53「四方からの観察　積み木編」	1,500 円	冊
数量	Ｊｒ・ウォッチャー 16「積み木」	1,500 円	冊	図形	Ｊｒ・ウォッチャー 54「図形の構成」	1,500 円	冊
言語	Ｊｒ・ウォッチャー 18「いろいろな言葉」	1,500 円	冊	理科	Ｊｒ・ウォッチャー 55「理科②」	1,500 円	冊
記憶	Ｊｒ・ウォッチャー 20「見る記憶・聴く記憶」	1,500 円	冊	常識	Ｊｒ・ウォッチャー 56「マナーとルール」	1,500 円	冊
常識	Ｊｒ・ウォッチャー 27「理科」	1,500 円	冊	推理	Ｊｒ・ウォッチャー 58「比較②」	1,500 円	冊
推理	Ｊｒ・ウォッチャー 31「推理思考」	1,500 円	冊		面接テスト問題集	2,000 円	冊
推理	Ｊｒ・ウォッチャー 33「シーソー」	1,500 円	冊		入試面接最強マニュアル	2,000 円	冊
常識	Ｊｒ・ウォッチャー 34「季節」	1,500 円	冊		１話５分の読み聞かせお話集①②	1,800 円	各　冊

合計	冊	円

(フリガナ) 氏　名	電　話 ＦＡＸ E-mail
住 所　〒　　　－	以前にご注文されたことはございますか。 有　・　無

★お近くの書店、または記載の電話・FAX・ホームページにてご注文をお受けしております。
電話：03-5261-8951　FAX：03-5261-8953　代金は書籍合計金額＋送料がかかります。
※なお、落丁・乱丁以外の理由による商品の返品・交換には応じかねます。

★ご記入頂いた個人に関する情報は、当社にて厳重に管理致します。なお、ご購入の商品発送の他に、当社発行の書籍案内、書籍に関する調査に使用させて頂く場合がございますので、予めご了承ください。

日本学習図書株式会社
http://www.nichigaku.jp

◎学習効果を上げるため、前掲の「家庭学習ガイド」及び「合格のためのアドバイス」をお読みになり、各校が実施する入試の出題傾向を、よく把握した上で問題に取り組んでください。
※冒頭の「本書ご使用方法」「本書ご使用にあたっての注意点」も併せてご覧ください。

〈宝仙学園小学校〉

2020年度の最新問題

問題21 分野：巧緻性（模写・欠所補完） 観察 集中

〈準備〉 鉛筆

〈問題〉 お手本を見てください。
（問題21-1のイラストを見せ、問題21-2のイラストを渡す）
お手本と比べて、足りないところを描き足してください。

〈時間〉 40秒

〈解答〉 省略

［2020年度出題］

学習のポイント

必要なのはお手本の図形と答案の図形の違いを見つけ出すための観察力と、線を引く器用さ（巧緻性）です。欠所補完の要領でなるべく一度に欠けている部分を見つけ出し、作業に移ってください。線を引いたり、図形を書くといった作業に掛かる時間は変わらないので、時間を節約するなら、「違いを見つけ出す」という部分でしょう。ところで、なぜ、このように時間を気にしているかと言うと、当校の入試は「能力検査」というその名称からもわかるように知能検査としての意味合いもあるので、ほとんどの問題は解答時間が短めになっているからです。必ずしも全問をやりきる必要はないのですが、そのあたりについての理解はお子さまには難しく、「できなかった」という思いを引きずるのは試験全体に影響します。

【おすすめ問題集】
Ｊｒ・ウォッチャー51「運筆①」、52「運筆②」、59「欠所補完」

問題22　分野：複合（見る記憶・置き換え）

観察　集中

〈準　備〉　鉛筆

〈問　題〉　これから絵を見てもらいます。よく見て何が描いてあるのか覚えておいてください。
（問題22－1のイラストを20秒間見せたあと、裏返しにして問題22－2のイラストを渡す）
◎は△に、△は×に、×は○に書きかえてください。

〈時　間〉　30秒

〈解　答〉　下図参照

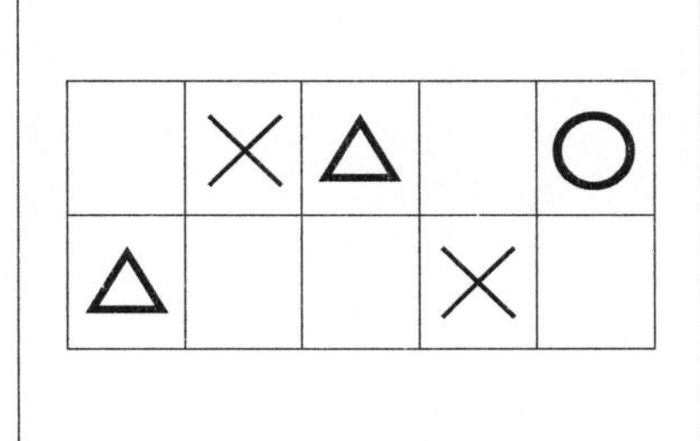

［2020年度出題］

学習のポイント

「見る記憶」と「置き換え」の複合問題です。当校では例年、この形式の出題が続いています。図形がシンプルなので簡単そうに見えますが、置き換えるという考え方はそれ自体がお子さまには難しいので、見た目よりは難しい問題と言えるでしょう。こういった複雑な問題は一度に答えようとせず、作業を切り分けるといくらかはわかりやすくなります。この問題なら、①はじめに見本を見て、５つの図形の位置と形を覚える　②指示に従って記号に置き換える、と切り分けるのです。とは言っても「いきなりは無理」というお子さまには、記号の種類や数を減らすなどしてよいので、保護者の方が工夫をしてあげましょう。

【おすすめ問題集】

Ｊｒ・ウォッチャー20「見る記憶・聴く記憶」、57「置き換え」

家庭学習のコツ③　効果的な学習方法～問題集を通読する

過去問題集を始めるにあたり、いきなり問題に取り組んではいませんか？　それでは本書を有効活用しているとは言えません。まず、保護者の方が、すべてを一通り読み、当校の傾向、ポイント、問題のアドバイスを頭に入れてください。そうすることにより、保護者の方の指導力がアップします。また、日常生活のさまざまなことから、保護者の方自身が「作問」することができるようになっていきます。

問題23　分野：推理（位置の移動）

観察　集中

〈準　備〉　鉛筆

〈問　題〉　今から言う通りに動物を動かします。例えば、私が「下に１」と言ったら、動物を下へ１つ動かします。「右に４」と言ったら、そこから右へ４つ動かします。途中に水たまりがある時は、そのマスを跳び越えて数えます。
①イヌさんの上に指を置いてください。
　右に２、下に５、左に４、上に２、右上に１、上に３、左上に２、右に２。その場所に○を書いてください。
②ウサギさんの上に指を置いてください。
　右に３、上に２、左に４、右上に１、上に２、右に２、上に１、左に２、左下に１。この場所に△を書いてください。

〈時　間〉　各30秒

〈解　答〉　下図参照

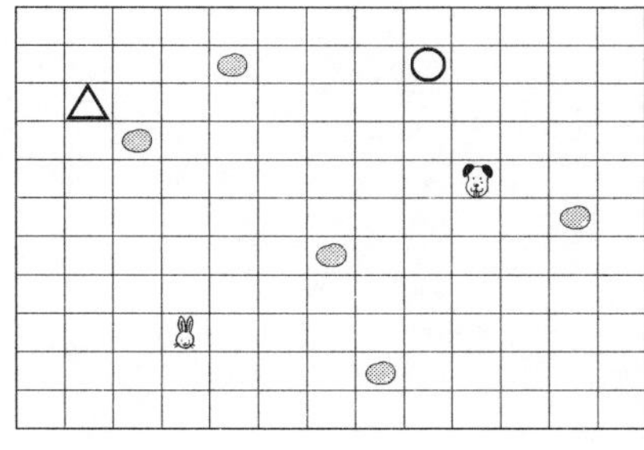

［2020年度出題］

学習のポイント

位置の移動の問題です。この問題のポイントはとにかく指示を聞き取ることです。指示にしたがって、ルートを指でなぞりさえすれば答えは出ます。ここ数年は「水たまりは飛び越すのでカウントしない」といった細かなルールも同じようですから、予行演習をしておきましょう。聞くことに集中できます。なお、大げさに言えば空間認識能力ということになるのですが、上下はともかく、左右の区別が曖昧なお子さまもいます。この問題では絵の左右と自分の左右は同じなので特に困ることはないでしょうが、地図に書かれている人物にとっての左右と自分との左右が感覚的に逆になることがあります。お話の記憶問題で問題で地図を使った出題がある場合は注意してください。

【おすすめ問題集】

Ｊｒ・ウォッチャー２「座標」、47「座標の移動」

家庭学習のコツ④　効果的な学習方法～お子さまの今の実力を知る

１年分の問題を解き終えた後、「家庭学習ガイド」に掲載されているレーダーチャートを参考に、目標への到達度をはかってみましょう。また、あわせてお子さまの得意・不得意の見きわめも行ってください。苦手な分野の対策にあたっては、お子さまに無理をさせず、理解度に合わせて学習するとよいでしょう。

問題24　分野：お話の記憶

聞く　集中

〈準　備〉　鉛筆

〈問　題〉　お話をよく聞いて、後の質問に答えてください。

ある山の奥に、小さな村がありました。この村では、たくさんの動物たちが、幸せそうに暮らしています。なかでもウサギさんは、村の人気者です。ピョンピョン跳ねるのが得意なウサギさんは、木登りをして、怖くて降りられなくなった子どもがいると、高い木でも、ピョンと登って、助けてくれます。旅をするのが好きなウサギさんは、時々村の外に出かけては、村の皆が見たことのないお土産を持って来たり、みんなが知らないお話を聞かせてくれたりします。村の皆はウサギさんが大好きです。ある日のこと。ウサギさんは村で一番偉い、村長のクマさんに呼ばれました。「クマさん、今日は、何のご用でしょうか？」するとクマさんが言いました。「実は、年を取ってしまった私に代わって、ウサギくんに村の村長さんになってほしいのだ」「えええっ！？ぼくが村長さんに！？」ウサギさんはびっくり。クマさんは言いました。「村の人気者のウサギ君なら、私も安心だ。どうかな？」ウサギさんは言いました。「わかりました！村のみんなのために、ぼくがやりましょう！」「ありがとう。では、村長になってくれる君に、これをあげよう」とクマさんは、１枚の紙をウサギさんに渡しました。何やら地図が描いてあります。「これは、私の宝物の場所が描いてある、秘密の地図だ。村のみんなの役に立つようにと、こっそり隠してある。新しい村長の君にあげよう。どんなものか、見に行ってみるといい」とクマさんは言いました。「わかりました！さっそく見に行きます」とウサギさんは、宝探しへ出かけました。
ところが…二人の話をこっそりと聞いている人がいました。キツネさんです。「しめしめ、これはいいことを聞いたぞ。村の宝物なら、きっと金銀財宝がザックザクだ」とキツネさんは、ウサギさんから、宝の地図を横取りすることにしました。地図を見ると、宝物は村の奥にある、森を抜けたところにあります。「宝物って、どんなものかな？」とウサギさんは思いました。やがて、ウサギさんは吊り橋に着きました。「宝物は、この向こうだな！」とウサギさんが渡り始めると、さっきのキツネさんが言いました。「よーし、ウサギさんを驚かせて、その隙に地図を横取りだ！」と、吊り橋を大きく揺らし始めました。ウサギさんはびっくりしましたが、「ええい、なんだ、これくらい！」とピョンピョンと、橋を渡っていきました。キツネさんは、がっかりして言いました。「あー失敗か」次に、ウサギさんは、大きな上り坂につきました。「宝物は、この上だな」と登り始めると、坂の上から大きな岩が転がってきました。キツネさんが、ウサギさんを驚かそうと、岩を転がしたのです、けれど、「なんのこれしき！」とウサギさんはヒョイと岩をよけていきました。「あー、また失敗か」とキツネさんはがっかりしました。ウサギさんが道を歩いていると、今度は、黒いマントのおじいさんに会いました。実は、キツネさんがおじいさんのふりをして待っていたのです。「やあ、ウサギさん。お腹がすいてないかい？とってもおいしいリンゴがあるんだ。よかったら、その地図と交換しよう」とキツネさんが言いました。すると、ウサギさんは、「お腹はすいているけど、ぼくはニンジンが好きだから、リンゴはいらないよ。親切にありがとう、おじいさん！」とサッササと行ってしまいました。「また失敗か」宝を探して、たくさん歩いたウサギさん。「なんだか、疲れたなぁ」と思いました。でも、「もう少しだ！がんばるぞ！」とピョンピョン走っていきました。その様子を、また、キツネさんが見ています。ウサギさんが通る道に落とし穴を掘ったのでした。「もうすぐだぞ」とキツネさんは思っていると、なんと、ウサギさんは、ピョンピョンと落とし穴を飛び越していったのです。キツネさんは、「おかしいなぁ」と落とし穴に近づき、うっかり、自分が落とし穴に落ちてしまいました。「まーた失敗だ、助けてくれー」ついに、ウサギさんは、森の出口にやってきました。「もうすぐ、宝物のある場所だな。どんな宝物だろう。」と森を抜けると…、そこには、赤色の葉っぱに黄色の実がいっぱいの大きな木がありました。「まぶしいくらいにきれいだなぁ、疲れなんか吹き飛んじゃうよ。…そうか、村長さんの宝物っていうのは、みんなを元気にする、この木のことだったんだ！」本当は、木の下に、宝の箱が埋まっていたのです。ウサギさんはうっとりとそのきれいな木をいつまでも眺めていたのでしたとさ。

①お話の順番が正しいものに○をつけてください。
②ウサギが宝物だと思ったものに○をつけてください。

〈時間〉　各15秒

〈解答〉　①1番下　②右端

［2020年度出題］

学習のポイント

長めのお話ですが、登場人物が少なく、話の内容はわかりやすいものになっています。また、設問も少なく、ストーリーに沿ったものです。つまり、素直に聞けば答えられる問題ですから、「誰が」「何を」を中心に場面をイメージしながら聞きましょう。「場面をイメージする」というのは、聞きながら絵本の挿絵のようのものを思い浮かべるということです。お子さまは無意識に行ってるこの行為ですが、ここでは意識して行ってください。お話の情報を整理することにもなるので、結果的に記憶することも少なくなるでしょう。なお、お話の流れ（場面の順番）を聞く問題が時折出題されるので、注意してください。

【おすすめ問題集】
1話5分の読み聞かせお話集①・②、1話7分の読み聞かせお話集 入試実践編①
お話の記憶 初級編・中級編・上級編、Ｊｒ・ウォッチャー19「お話の記憶」

問題25　分野：数量（数を分ける）

考え　聞く

〈準備〉　鉛筆

〈問題〉　絵を見てください。円の中にゆいちゃんのアメ玉があります。たかしくん、たいすけくん、めぐみさんはアメ玉を持っていません。ゆいちゃんは、アメ玉を3人に2個ずつあげました。そのあと、お母さんが、アメ玉を5個くれました。今、ゆいちゃんは、アメ玉を何個持っていますか。アメ玉の数だけ、下の四角に○を書いてください。

〈時間〉　40秒

〈解答〉　○：7

［2020年度出題］

学習のポイント

はじめにゆいちゃんが持っていた8個のアメ玉から、2つのアメ玉をあげる作業を3回繰り返すと、2個のアメ玉が残ります。次にお母さんからもらった5個を足すと、アメ玉は7個になります。それほど複雑な操作ではないので、鉛筆で印を付けたり、指を使う必要はないかもしれません。この問題ではアメは合計13個出てくるのですが、当校の入試では、このように10以上の数が出てくることがあります。最近ではほかの学校の入試でも20までの数の出題がしばしば見られるようになりました。10までのものが数えられるようになったら、それ以上の数の扱いもできるように学習を進めてください。

【おすすめ問題集】
Ｊｒ・ウォッチャー38「たし算・ひき算1」、39「たし算・ひき算2」、
40「数を分ける」、43「数のやりとり」

問題26　分野：数量（選んで数える）

考え　聞く

〈準 備〉　鉛筆

〈問 題〉　上の段の絵を見てください。周りが白い鉛筆と周りが黒い鉛筆が重なっています。多い鉛筆は少ない鉛筆より何本多いでしょうか。白い鉛筆が多い時は○を、黒い鉛筆が多い時は●を、その数だけ右の四角に書いてください。下の段も同じように答えてください。

〈時 間〉　40秒

〈解 答〉　①○：1　②○：1

［2020年度出題］

学習のポイント

数量分野の「選んで数える」という問題です。この問題では、周りの色しか違わない鉛筆を区別するのが難しいでしょう。イラストとしても複雑なのがひと目見てわかるので、ケアレスミスをしないように、印を付けてください。例えば周りが白い鉛筆の先端に○、周りが黒い鉛筆の先端に×を付けるなど、あとで自分が計算しやすいような工夫があればなおよいでしょう。もちろん、観察するだけで「周りが黒い鉛筆が２本多い」とわかるお子さまはそのままの方法を続けて構いません。かなりの観察眼があるということですから、そのままその才能をのばせばよいでしょう。

【おすすめ問題集】

Ｊｒ・ウォッチャー37「選んで数える」

問題27　分野：推理（総合）

考え　聞く

〈準 備〉　鉛筆

〈問 題〉　８匹の動物が輪になっているところを輪の中にいるコアラさんが写真に撮りました。撮った写真が左の四角に４枚あります。キツネさんは右の四角に描いてある絵の位置にいました。○と△の場所にいた動物は誰ですか。上に並んでいる動物から選んで、○のところにいた動物には○を、△のところにいた動物には△をつけてください。

〈時 間〉　40秒

〈解 答〉　下図参照

［2020年度出題］

学習のポイント

やや難しい推理の問題です。輪になった位置関係を推理するので、観覧車の問題に似ていますが、並び方に法則性はないので系列の問題ではありません。解き方から考えればむしろ四方からの観察の問題と似ているかもしれません。つまり、キツネを起点にして、写真から動物の並びを推測するということになります。「キツネの隣はパンダ」「パンダの隣はサル」「サルの隣はネコ」…といった形で一匹ずつ場所を特定すればよいのです。答えが出た時点で考えるのを止めてもよいのですが、時間に余裕があるなら、全員の並び方を確認しておきましょう。答えに矛盾がないことがわかります。なお、当校ではこうした推理の問題の出題が年々増えています。対策学習はしっかりと行っておきましょう。

【おすすめ問題集】

Ｊｒ・ウォッチャー10「四方からの観察」、31「推理思考」

問題28　分野：推理（条件迷路）

観察　集中

〈準備〉　鉛筆

〈問題〉　リスがドングリを全部拾ってゴールまで行きます。通った道に線を書いてください。同じ道は通れません。指を使っても構いません。

〈時間〉　各25秒

〈解答〉　下図参照

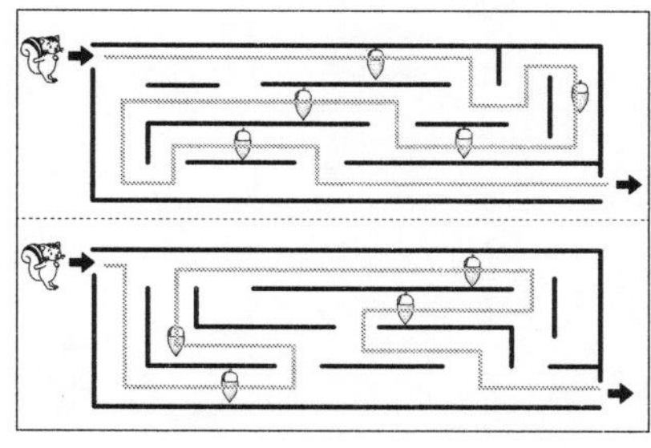

［2020年度出題］

学習のポイント

指定された条件を守って、迷路をゴールまで進む問題です。いわゆる迷路と違い、行き止まりはないので条件を守ることが主な目的になります。「指を使ってよい」とあるので一度シュミレーションをしてから答えを書きましょう。その際はドングリを拾うをことに加え、「同じ道は２度通れない」という条件に気を付けていればすぐにルートは見つかるはずです。答えを書く前に曲がり角に点を打つなど、自分が線を引きやすい工夫をしてもよいかもしれません。線を引くという作業に関して特に注意することはありませんが、ていねいに線を引き、雑にならないようにしてください。筆記用具の使い方がわかっていないのではないかと疑われます。

【おすすめ問題集】

Ｊｒ・ウォッチャー７「迷路」、51「運筆①」、52「運筆②」

問題29　分野：言語（識字）

語彙　知識

〈準備〉　鉛筆

〈問題〉　（問題29の絵を見せる）
この問題は自分で黙ってやります。最後まで全部やりましょう。では鉛筆をもって始めてください。

〈時間〉　２分30秒

〈解答〉　下図参照

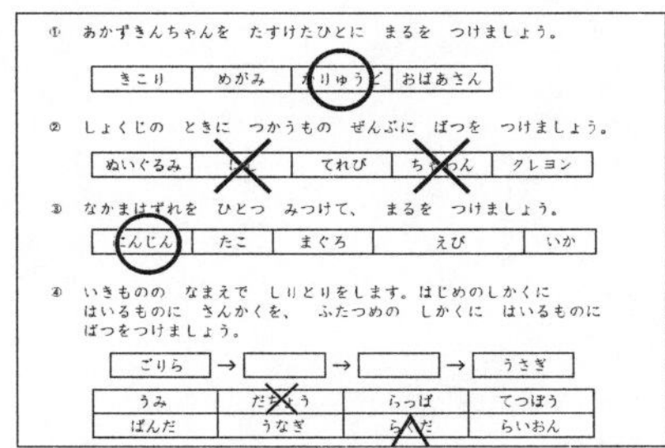

［2020年度出題］

学習のポイント

当校では例年、ひらがなの問題が出題されています。さすがに文字を書かせる課題はありませんが、意味がわからないと解けない問題もあるので、音読できるだけでなく、意味の理解も必要ということになります。対策としてまずは「読み」を中心にひらがなを学んでください。読みができたら、過去問の問題で文章の意味を学びましょう。たいていは「小学校入試でよく出題される問題の問題文、選択肢」がひらがなになっているので、お子さまの聞いたことのある文章、言葉のはずです。さて、この問題の出題目的は何も先取り学習をさせようということではありません。１つはこのような問題が出ることを知って保護者の方がどんな対策学習をさせるかということから、家庭環境・教育方針を推し量ろうということでしょう。もう１つはお子さまがふだんのくらしの中で、どれだけ文字に興味を持ち、保護者の方と「あれは何と書いてあるの？」といった会話をしているかを知ろうとしているということ、つまり家庭でのコミュニケーションの様子を推し量っているのです。

【おすすめ問題集】

Ｊｒ・ウォッチャー11「いろいろな仲間」、26「文字・数字」、49「しりとり」

問題30　分野：行動観察・運動

聞く　協調

〈準備〉　平均台（4台程度をつなげて使う）・積み木
※この課題は4名1組で行う。

〈問題〉　この問題の絵はありません。
①模倣体操
・手を前に伸ばしてグーパー、グーチョキパー
・片足バランス（15秒）
②ドンジャンケン（2チーム対抗で行う）
・平均台の両側から、各チーム1人ずつスタート。
・ぶつかったところでジャンケン。
・負けた人は平均台を降りる。同時にチームの次の人がスタート。平均台を降りた人は自分のチームの列に戻って1番後ろに並ぶ。
・勝った人はそのまま進む。
・平均台から落ちたらチームの次の人がスタート。
・落ちた人は自分のチームの列に戻って1番後ろに並ぶ。
・先に相手の陣地に着いたチームの勝ち。
③チームで相談しながら、積み木で「お城」を作る。

〈時間〉　適宜

〈解答〉　省略

［2020年度出題］

学習のポイント

4人グループの対抗で行う競技と制作です。このように、グループで共通の目標を持って行う活動は、行動力や協調性などお子さまの性格を観察するのに適しています。まずは先生の指示をしっかりと聞き、課題に取り組んでください。指示の内容を理解しているか、約束を守っているか、お友だちときちんと話し合っているか、積極的に行動しているか、お友だちと協力しあっているか、お友だちの邪魔をしないかなど、評価のポイントはさまざまです。日頃から、家族とのコミュニケーションやお友だちとの遊びを通し、集団の中でのマナーやルールを自然に身に付けながら、人を尊重し協力しあうことを学んでいきましょう。なお、先生が説明をしている時や、順番を待っている時の態度や姿勢も評価されます。

【おすすめ問題集】
Ｊｒ・ウォッチャー29「行動観察」、新運動テスト問題集

問題31　分野：面接

話す

〈準 備〉　なし

〈問 題〉　**この問題の絵はありません。**

【父親へ】
①お子さまの名前の由来を教えてください。
②中学校受験についてどのようにお考えですか。
③小学校入学後、お子さまが克服してほしいことを教えてください。
④仏様を拝むことについて、どのように思われますか。
【母親へ】
①お子さまの幼稚園での印象的なエピソードを教えてください。
②お子さまが思うように育っているところと、そうでないところを教えてください。
③食物アレルギーや好き嫌いはありますか。
④英語教育に特別な配慮はありませんが大丈夫ですか。
【お子さまへ】
①お名前を教えてください。
②小学校に入ったら、何をしたいですが。
③朝ごはんは何を食べましたか。
④（図書館の絵を見せて）悪い子と良い子を３人ずつ答えてください。

〈時 間〉　適宜

〈解 答〉　省略

［2020年度出題］

学習のポイント

面接は保護者２名に対して１名の試験官で行われました。面接時間は約10分程度で、質問内容は多少異なりますが、ごく身近な比較的答えやすいものが中心です。中学校受験についてなど、あらかじめ考えをまとめておいた方がよい質問もありますが、日頃の家族のあり方や関わり方が重要視されていることがうかがえる質問がほとんどです。面接で求められるのは「こう答えれば高く評価される」といった型にはまった模範解答ではなく、各家庭のありのままの様子ですから、特に構えたりせずに、自然に答えるのがよいでしょう。お子さまの面接は、試験官の先生と１対１で行なわれます。基本的な質問のほかに、イラストを見せて「悪い子は誰ですか」と聞くといった、簡単な口頭試問もあります。

【おすすめ問題集】
面接テスト問題集、入試面接最強マニュアル

問題32　分野：推理（位置の移動）

観察　集中

〈準備〉　鉛筆

〈問題〉　今から言う通りに動物を動かします。例えば、私が「下に１」と言ったら、動物を下へ1つ動かします。「右に４」と言ったら、そこから右へ４つ動かします。途中に水たまりがある時は、そのマスを跳び越えて数えます。
①ネコさんの上に指を置いてください。
　左に４、右上に１、上に５、右に３、下に３、左に７、下に２、右下に１。その場所に○を書いてください。
②サルさんの上に指を置いてください。
　右に５、上に２、下に５、右上に１、左に８、左下に１、右に１、右に２、下に２。この場所に△を書いてください。

〈時間〉　各30秒

〈解答〉　下図参照

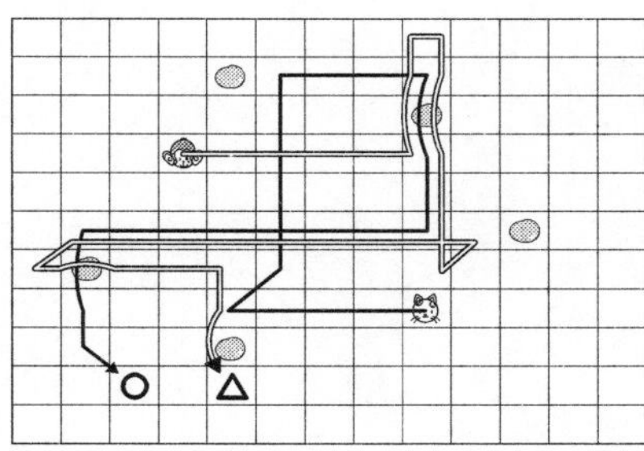

［2019年度出題］

学習のポイント

位置の移動の問題ですが推理と言うよりは指示行動に近い問題です。考えさせる要素はありませんし、指示通りに指を移動させれば答えは出ます。矢継ぎ早に出される指示に混乱しないように、正確に聞き取り、指をそのとおりに動かしてください。一度答えておけば、それほど難しい問題でないことはお子さまにもわかるでしょう。不安があるようなら、ほかの問題集などで「位置の移動」の問題に取り組んでみてください。指示が多い点が共通しているだけではなく、上下左右といった位置感覚も同時に身に付くのでよい練習になります。

【おすすめ問題集】
　Ｊｒ・ウォッチャー２「座標」、47「座標の移動」

問題33　分野：記憶（お話の記憶）

聞く　集中

〈準備〉　鉛筆

〈問題〉　お話をよく聞いて、後の質問に答えてください。

お話をよく聞いて、次の質問に答えてください。
今日、ようこさんは、初めて弟のけんたくんと２人だけでおつかいに行きます。「２人だけで行くの、緊張するけど楽しみだな。しっかりがんばらないと」お気に入りのお花の模様のワンピースを着て、おばあちゃんからもらったカバンを肩にかけ、ようこさんは張り切っています。玄関には、お気に入りのリボンのついた靴もしっかり準備しています。「ようこ、けんた、準備はできたの」お母さんの声がしました。「はーい」「はーい」２人は返事をして、お母さんのところへ行きました。けんたくんも、星の絵の付いた白いシャツを着て、しっかり準備ができています。「今日はカレーライスを作るから、ジャガイモ３つとタマネギを２つ買ってきてね。ニンジンはお家にあるからいりませんよ」「はい」「あと、サラダを作るから、トマトを1つお願いね」「はい」「それじゃあ、行ってきます」２人はスーパーへ向かいました。スーパーに着くと野菜がたくさん並んでいました。「わあ、見つけられるかな」けんたくんが言いました。「大丈夫。私覚えているよ」いつもお母さんとお買い物に来ているので、ようこさんは野菜を売っている場所を覚えているのです。「あった」２人はジャガイモを３つ、カゴに入れました。「あとはタマネギだね」ジャガイモの近くにタマネギがあったので、タマネギを２つ、カゴに入れました「あとは…なんだっけ」「ニンジンだよ」「そうそうカレーライスだもんね」２人はニンジンも１本カゴに入れました。「よしこれでいいね」２人はお金を払って、うちに帰りました。「ただいま」「お帰りなさい、お使いに行ってくれてありがとう」お母さんはうれしそうです。「あらニンジンも買ったの」ようこさんとけんたくんはハッとしました。「買い忘れているものもあるけど…まあいいわ。２人ともニンジンが大好きだものね。今日は２人ともがんばったから、ニンジンたっぷりカレーにしましょう」

①ようこさんとけんたくんはどんな服を着てお使いに行きましたか。選んで○をつけてください。
②お母さんがお買い物で頼んだものはどれですか。正しいものに○をつけてください。

〈時間〉　各15秒

〈解答〉　①上段真ん中　②下段真ん中

［2019年度出題］

学習のポイント

当校のお話の記憶の問題は長文ですが、問題数は２問と少なく、その内容もお話に沿ったものがほとんどです。ですから、お話の聞き方は読み聞かせの時と同じように、お話の流れを押さえればよいということになります。お話の流れを押さえるために必要なのは「誰が」「何を」「どうした」といったお話のポイントを整理することです。お話を聞き終わった時に、簡単なあらすじを言えるぐらいになることを目指しましょう。当校では「お話の順番とあっているものを選んでください」と、お話のいくつかの場面を並べて選ばせる問題が時折出題されますが、これにも問題なく対応できます。

【おすすめ問題集】
１話５分の読み聞かせお話集①・②、１話７分の読み聞かせお話集 入試実践編①
お話の記憶 初級編・中級編・上級編、Ｊｒ・ウォッチャー19「お話の記憶」

問題34　分野：数量（計数）

考え　聞く

〈準備〉　鉛筆

〈問題〉　いずみさんの花壇には、白いチューリップが７本、赤いチューリップが５本咲いています。今日、お友だちのゆたかくん、たかしくん、りょうこさんにそれぞれ白いチューリップが２本、赤いチューリップを１本ずつあげました。次の日、白いチューリップが２本、赤いチューリップが４本咲きました。いずみさんの花壇には今何本のチューリップが咲いていますか。その数だけ、右の四角に○を書いてください。

〈時間〉　40秒

〈解答〉　○：９

［2019年度出題］

学習のポイント

数量の問題です。「数のやりとり」と言いますが、この問題のように「チューリップが３本ある。２本渡す。３本もらう。今何本？」といった内容の問題です。口頭で説明される数の増減を把握することがポイントになります。よく聞いていないと混乱するので、まずはきちんと説明や指示を聞きましょう。許されている入試なら、イラストに印を付けてもかまいません。とにかく条件や指示を把握することです。また、ここでは白いチューリップ、赤いチューリップと色だけが違う同じものの増減を扱います。混乱の素になるので、イメージするなら、チューリップである必要はありません。おはじきなどイメージしやすいもので代用してください。

【おすすめ問題集】

Ｊｒ・ウォッチャー38「たし算・ひき算１」、39「たし算・ひき算２」、43「数のやりとり」

問題35　分野：数量（たし算・ひき算）

集中　考え

〈準備〉　鉛筆

〈問題〉　子どもが７人プールの中で遊んでいます。ここに６人やってきました。その後８人が出ました。残っている人の数だけ下の四角に○をつけてください。

〈時間〉　40秒

〈解答〉　○：５個

［2019年度出題］

順番に考えていくと、まず、7人いるところに6人増えるので2桁の数を扱うことになります。扱う数が大きくなるので、少々戸惑うかもしれません。もちろん計算式や繰り上がりはまだ習っていませんので、計算をするわけではありませんし、その必要はありません。本問について、おはじきを使って考えてみましょう。おはじきを7つならべて、6つ追加でならべます。このとき全部で何個になっているかは数えなくてよいです。そのまま次の指示が「8人プールから出る」なので、8つおはじきをどかします。最後に残ったおはじきの数をかぞえると5つになります。このように、10より大きい2桁の数であっても繰り上がりの概念を使わずに考えることができますので、2桁の数を数えられるかどうか、ではなく、頭の中でおはじきを動かすように数の多少を操作することが重要になります。どんどん実物を使い、数に慣れ親しみましょう。

【おすすめ問題集】

Ｊｒ・ウォッチャー38「たし算・ひき算１」、39「たし算・ひき算２」

問題36　分野：推理（条件迷路）　観察 集中

〈準備〉　鉛筆

〈問題〉　リスがドングリを全部拾ってゴールまで行きます。通った道に線を書いてください。同じ道は通れません。指を使っても構いません。

〈時間〉　各25秒

〈解答〉　下図参照

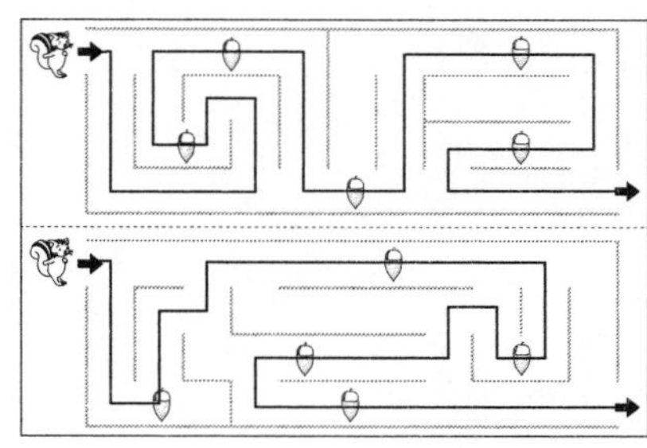

［2019年度出題］

指定された条件を守りながら、迷路を進む問題です。迷路そのものは複雑ではありませんが、条件に合った道を選ぶ観察力や思考力、きれいに線を引く巧緻性が要求されています。このような問題では、はじめに迷路全体を見渡してから、ゴールまでいけそうな道を指でなぞります。上手くいかないときは、道を変えて繰り返します。ゴールまでの道が見つかってから、鉛筆できれいに線を引きます。そうすることで、失敗のない、見やすくきれいな答えができあがります。迷路の問題では、全体を見渡すことと何回も繰り返すことがポイントです。失敗してもあきらめずに頑張れるように、声をかけたりサポートをしてあげてください。

【おすすめ問題集】

Ｊｒ・ウォッチャー７「迷路」、51「運筆①」、52「運筆②」

問題37　分野：言語（識字）

語彙　知識

〈準備〉　鉛筆

〈問題〉　（問題37の絵を見せる）
この問題は自分で黙ってやります。最後まで全部やりましょう。では鉛筆をもって始めてください。

〈時間〉　２分30秒

〈解答〉　下図参照

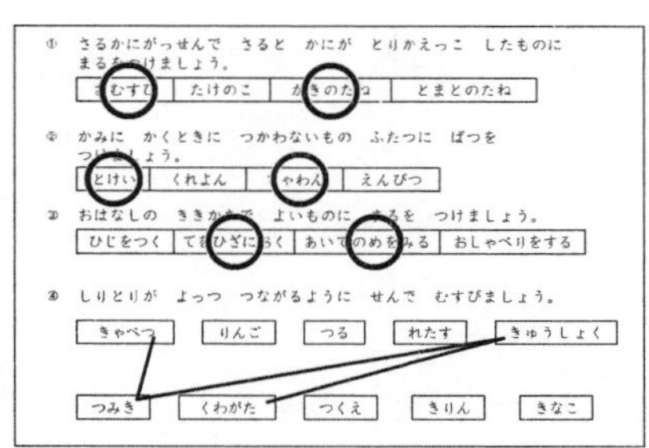

［2019年度出題］

学習のポイント

当校では、例年、ひらがなを読む問題が出題されています。ひらがなを読む問題に生活常識やマナーについての問いも含まれた形です。ひらがなを小学校受験で出題することの是非はともかく、実際に出題されているのですから、対策は怠りなくやっておきましょう。ひらがなを書いて答える問題はありませんので、読むことができれば解答することができます。ただし、問われる「常識」については知識をもっていなければ正解はできません。当校の過去問題をおさえておけばある程度は大丈夫ですが、さらに知識を広げたい場合は、幼児向けのひらがなのドリルやひらがなの書いてある学習カードなどで補うと良いでしょう。

【おすすめ問題集】

Ｊｒ・ウォッチャー26「文字・数字」、49「しりとり」

問題38 分野：推理（置き換え）

観察 集中

〈準 備〉 鉛筆

〈問 題〉 左側の絵はお手本です。お手本を見ながら、右側の四角の中のマス目に印を書いてください。その時、左の絵の「○」は「×」に、「×」は「○」に、「△」は「◎」に、「◎」は「△」に書き換えてください。

〈時 間〉 各30秒

〈解 答〉 下図参照

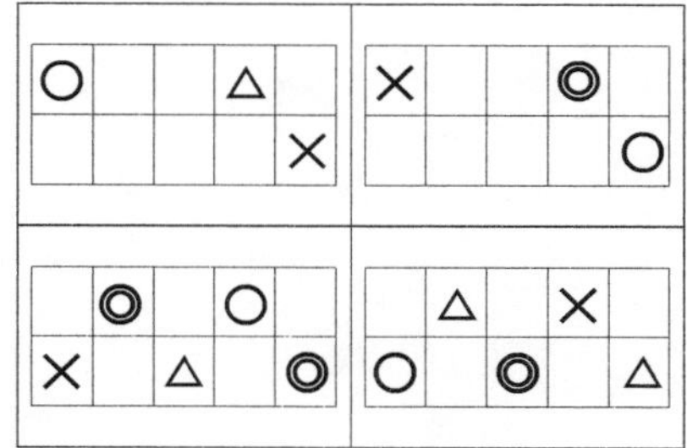

［2018年度出題］

学習のポイント

記号の置き換えの問題です。問題の絵を覚え、同じ場所に記号を置き換えて書くという単純な問題ですが、置き換えて考えるということ自体がお子さまには慣れないことですから、それなりの難しさはあります。当校は、「能力検査」という名称でもわかるようにお子さまののびしろを含めて、知能の発達具合を測る入試を行っています。この問題もその出題の１つと考えれば、「認知能力」を測るための課題とも言えます。対策としては記憶力を伸ばすというよりは、指示を理解する能力を伸ばすという考えで学習を進めた方がよいでしょう。同じような意味合いで推理分野の問題も多く出題されますが、それへの対応力がつくからです。

【おすすめ問題集】

Ｊｒ・ウォッチャー20「見る記憶・聴く記憶」、57「置き換え」

問題39 分野：推理（シーソー）

観察 考え

〈準 備〉 鉛筆

〈問 題〉 動物たちが、シーソーを使って重さ比べをしました。１番軽い動物を下から選んで、○をつけてください。

〈時 間〉 各20秒

〈解 答〉 ①ブタ　②サル

［2018年度出題］

学習のポイント

シーソーの問題です。「常にシーソーの上がっている側にいるもの（あるもの）が１番軽く、常にシーソー下がっているもの（あるもの）が１番重い」という法則を使って考えてよいでしょう。理由もわからずに使うのは、先の学習につながらないのでよくありませんが、入試ではそんなことは言っていられません。特にこの問題は４つのシーソーで５つの動物の重さを順位付けをするという、小学校入試としてはかなり複雑な問題です。制限時間内に答えるならそれなりのスピードが要求されます。①では「常に軽い側にいる」のはブタだけです。これだけで答えを書いてもよいのですが、一応ほかのシーソーから順位付けを考えると軽い順から「ブタ＜トラ＜ネズミ＜イヌ＝サル」となります。時間に余裕があれば確認のために行ってみてください。

【おすすめ問題集】

Ｊｒ・ウォッチャー15「比較」、33「シーソー」、58「比較②」

問題40　分野：お話の記憶

聞く　集中

〈準備〉　鉛筆

〈問題〉　お話をよく聞いて、後の質問に答えてください。

クマくん、リスさん、ネコさん、タヌキくん、ウサギさんは仲良しのお友だちです。今日もリスさんのお家に集まって、何をして遊ぼうか相談していました。しかし、窓から外を見ると、どんよりと雲が出て、ポツポツと雨が降ってきました。「今日はみんなで、お外でボール遊びがしたかったのに」と、いつも元気にぴょんぴょん飛び跳ねているウサギさんがしょんぼりしてしまいました。すると、リスさんが「雨に濡れると風邪をひいてしまうから、今日はお家の中で遊びましょう。折り紙があるから、みんなで折り紙をしましょう」と言って、さまざまな色の折り紙を持ってきました。赤、青、緑、黄色、それにピカピカ光る金色や銀色の折り紙もありました。みんなは大よろこびで、自分の好きな色の紙を取りました。ウサギさんが「何を作ろうかな」と考えていると、タヌキくんが「ぼくはペンギンが作れるよ。ほら」と言って、黒い折り紙でペンギンを作って見せてくれました。ウサギさんは、自分もペンギンを作ってみたくなって、「タヌキくん、折り方を教えて」とお願いしました。タヌキくんはいいよと言って、２人でペンギンを作り始めました。クマくんが「僕の手には、ちょっと紙が小さいな」と困った顔をしながら折り紙を折っていましたが、できあがったチューリップはとても上手にできていました。みんなが、「すごい。どうやって作るの」と聞くと、クマくんは「赤と緑の２枚を使って作るんだよ。紙の端と端をていねいに合わせて折ると、きれいに折れるんだ」と教えてくれました。ネコさんは感心して、「ねえ、クマくん。もっといろいろなものが作れるの。わたし、大好きなイチゴが作りたいの」と言いました。リスさんは「わたしは、ツルが作りたい」タヌキくんは「僕は船がいい」と次々に言いました。クマくんは「わかったよ。じゃあ、順番にね」と言って、ネコさんと一緒にイチゴを、リスさんと一緒にツルを、タヌキくんと一緒に船を作りました。大好きな物を作るので、クマくんの折り方を見ながら、心をこめて折りました。とても上手にできたので、みんなで一緒に「クマくん、ありがとう」と言いました。クマくんはとてもうれしそうでした。外を見ると雨が上がって、空がオレンジ色になっていました。みんな、自分が作った折り紙を持って、リスさんにさよならを言って家に帰りました。

①ツルを折ったのは誰でしたか。○をつけてください。
②１番たくさん折り紙を折ったのは誰ですか。○をつけてください。

〈時間〉　各15秒

〈解答〉　①左端（リスさん）　②右から２番目（クマさん）

［2018年度出題］

学習のポイント

当校のお話の記憶は、例年長めの文章に対して、設問数が２～３問と少ないこと、お話の細部や、物事の順番が問われる問題が多いことが特徴です。また、お話の内容はわかりやすいものになっています。長いお話を聞く際には、情景を頭の中で思い描きながら聞くと、記憶に残しやすくなります。初めはゆっくり読み聞かせをしながら、場面ごとに「誰が出てきたか」「何をしているか」「周りの景色はどうなっているか」など、質問しながら進めたり、先はどうなるか予想させたりなど、お子さまがお話を覚えやすくする工夫をしてあげましょう。お話を聞いたあとで、お子さまが想像した内容や感想について話を聞いてみるのもよいでしょう。お子さまが、内容を間違いなく聞き取り理解できているかの確認ができますし、想像力を養うとともに、考えを言葉にする練習になります。

【おすすめ問題集】

１話５分の読み聞かせお話集①・②、１話７分の読み聞かせお話集 入試実践編①
お話の記憶 初級編・中級編・上級編、Ｊｒ・ウォッチャー19「お話の記憶」

宝仙学園小学校　専用注文書

年　　月　　日

合格のための問題集ベスト・セレクション

＊入試頻出分野ベスト３

1st　数　量
集中力　観察力　正確さ

2nd　推　理
集中力　聞く力　思考力

3rd　記　憶
観察力　聞く力

見た目よりも難しい問題、短い回答時間、当校独自形式の問題が特徴です。「観察力」「聞く力」「思考力」を伸ばす学習と、過去問を利用した類題の反復練習が必要です。

分野	書　名	価格(税抜)	注文	分野	書　名	価格(税抜)	注文
図形	Ｊｒ・ウォッチャー２「座標」	1,500円	冊	巧緻性	Ｊｒ・ウォッチャー52「運筆②」	1,500円	冊
図形	Ｊｒ・ウォッチャー７「迷路」	1,500円	冊	巧緻性	Ｊｒ・ウォッチャー51「運筆①」	1,500円	冊
図形	Ｊｒ・ウォッチャー10「四方からの観察」	1,500円	冊	図形	Ｊｒ・ウォッチャー53「四方からの観察　積み木編」	1,500円	冊
数量	Ｊｒ・ウォッチャー14「数える」	1,500円	冊	推理	Ｊｒ・ウォッチャー57「置き換え」	1,500円	冊
数量	Ｊｒ・ウォッチャー16「積み木」	1,500円	冊	推理	Ｊｒ・ウォッチャー59「欠所補完」	1,500円	冊
記憶	Ｊｒ・ウォッチャー19「お話の記憶」	1,500円	冊		ウォッチャーズアレンジ①②③④	2,000円	各　冊
記憶	Ｊｒ・ウォッチャー20「見る記憶・聴く記憶」	1,500円	冊		面接テスト問題集	2,000円	冊
知識	Ｊｒ・ウォッチャー26「文字・数字」	1,500円	冊		入試面接最強マニュアル	2,000円	冊
推理	Ｊｒ・ウォッチャー31「推理思考」	1,500円	冊		1話5分の読み聞かせお話集①②	1,800円	各　冊
推理	Ｊｒ・ウォッチャー33「シーソー」	1,500円	冊				
数量	Ｊｒ・ウォッチャー39「たし算・ひき算２」	1,500円	冊				
図形	Ｊｒ・ウォッチャー47「座標の移動」	1,500円	冊				
巧緻性	Ｊｒ・ウォッチャー51「運筆①」	1,500円	冊				

合計	冊	円

(フリガナ) 氏　名	電　話 ＦＡＸ E-mail
住 所　〒　　　－	以前にご注文されたことはございますか。 有　・　無

★お近くの書店、または記載の電話・FAX・ホームページにてご注文をお受けしております。
電話：03-5261-8951　FAX：03-5261-8953　代金は書籍合計金額＋送料がかかります。
※なお、落丁・乱丁以外の理由による商品の返品・交換には応じかねます。

★ご記入頂いた個人に関する情報は、当社にて厳重に管理致します。なお、ご購入の商品発送の他に、当社発行の書籍案内、書籍に関する調査に使用させて頂く場合がございますので、予めご了承ください。

日本学習図書株式会社
http://www.nichigaku.jp

☆淑徳小学校

問題 1

①

②

③

④

⑤

日本学習図書株式会社

問題２－１

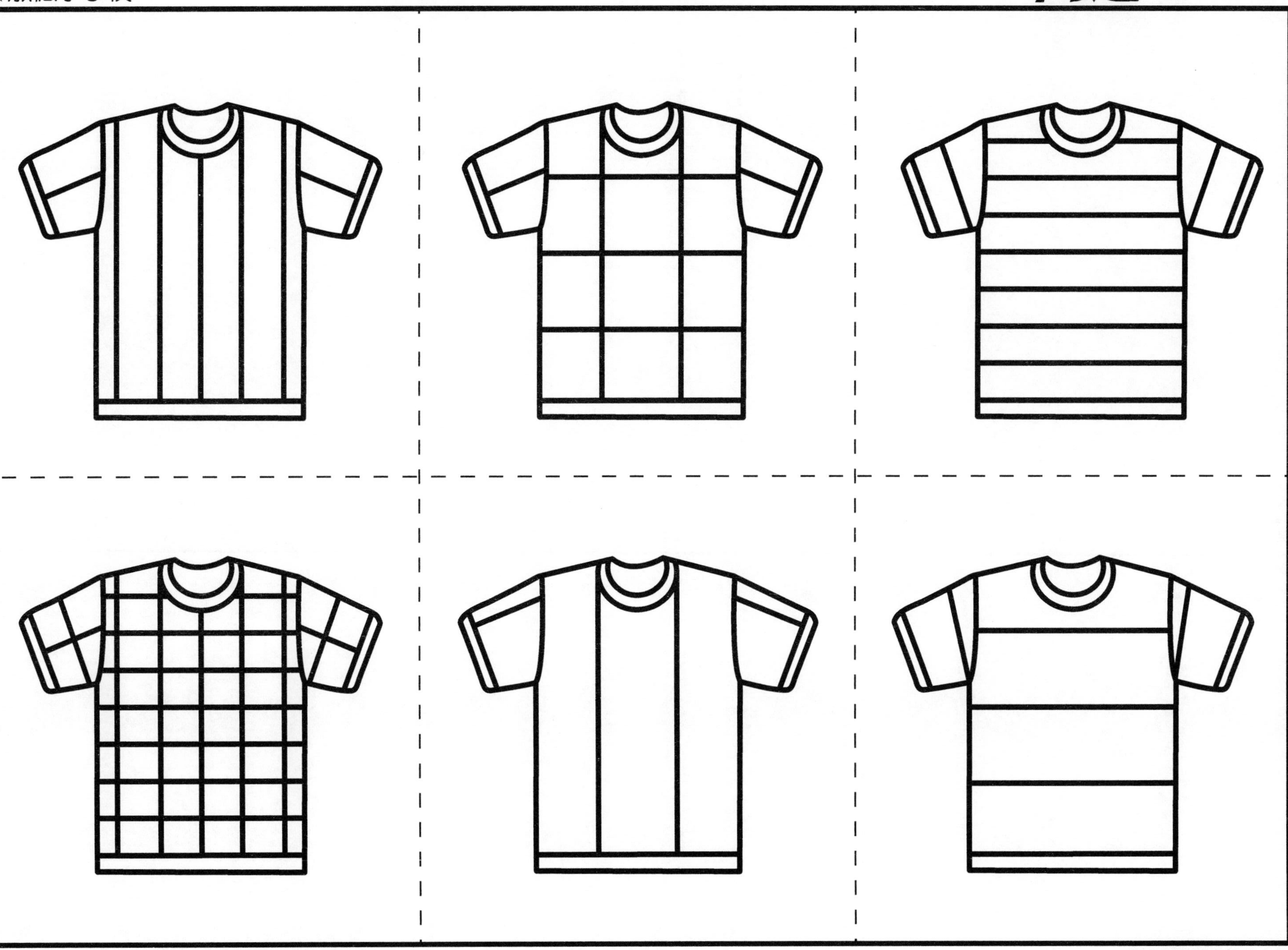

問題2－2

☆淑徳小学校

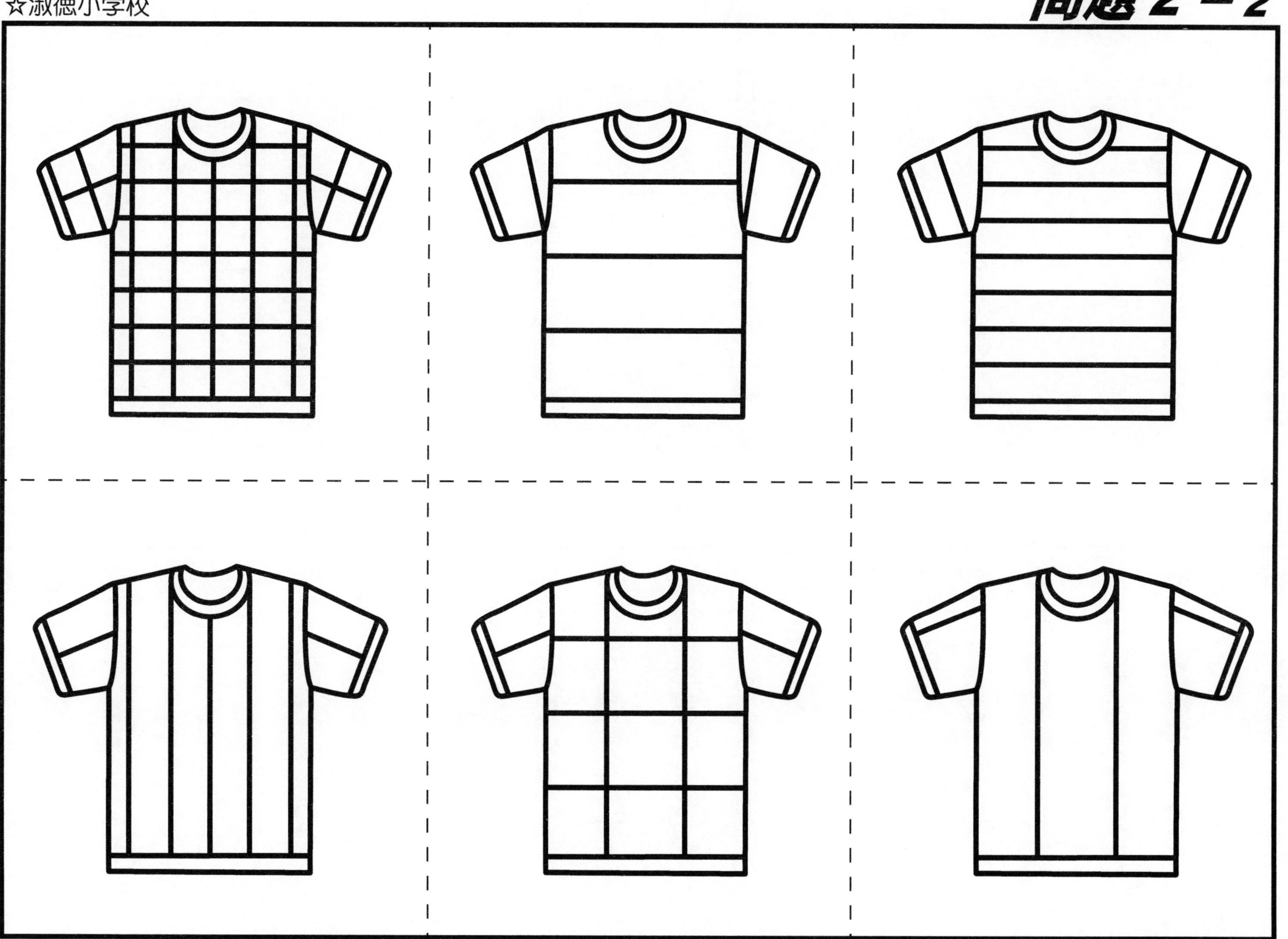

問題２－３

日本学習図書株式会社

問題２－４

問題3－1

①

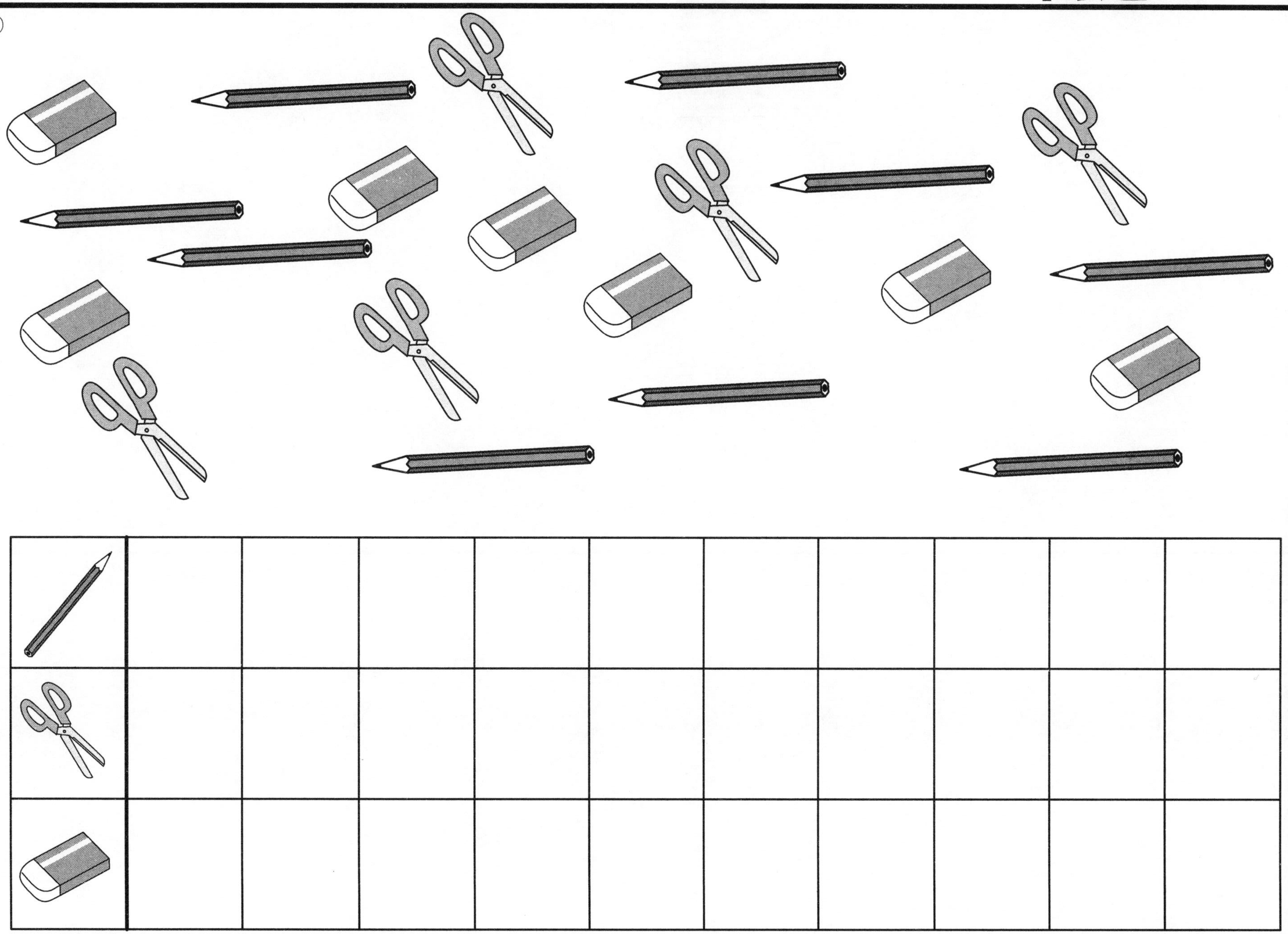

日本学習図書株式会社

☆淑徳小学校

問題３－２

②

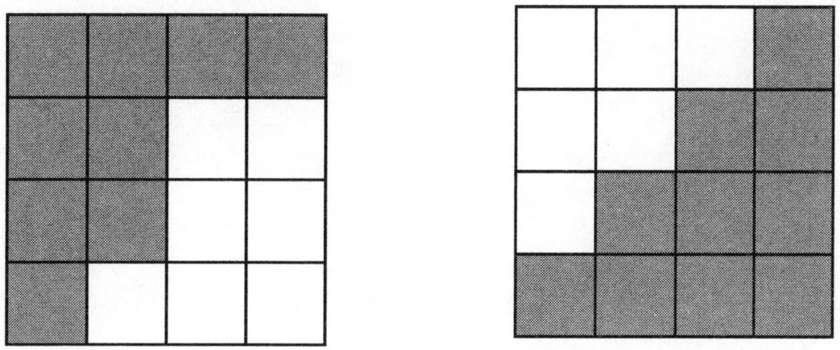

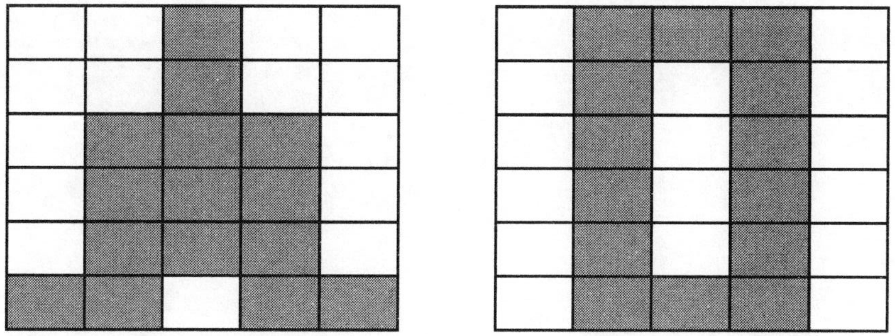

③

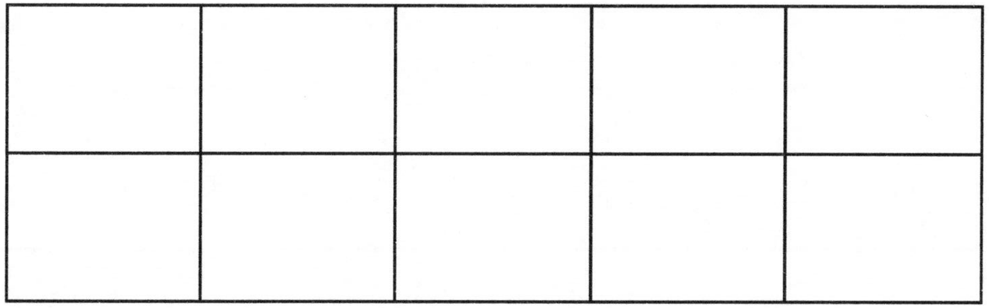

④

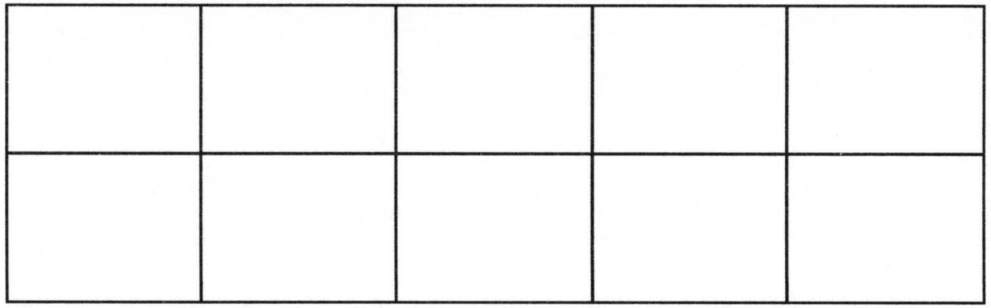

問題4

問題5

問題6

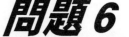

問題7

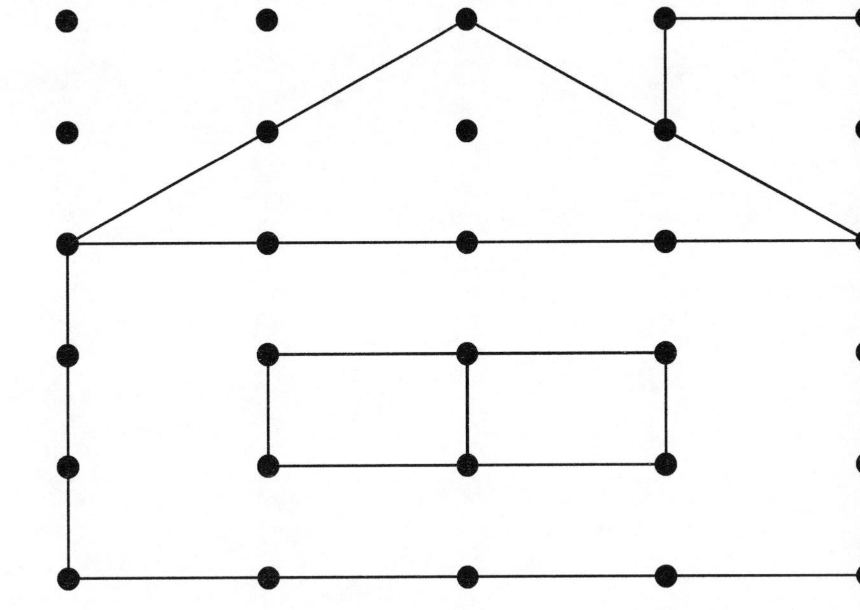

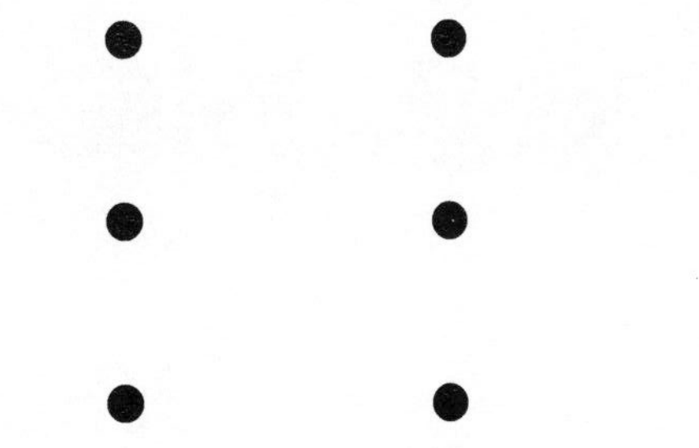
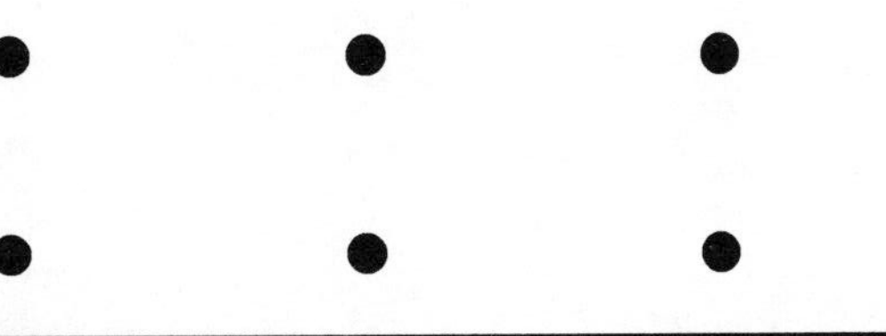

☆淑徳小学校

①

②

③

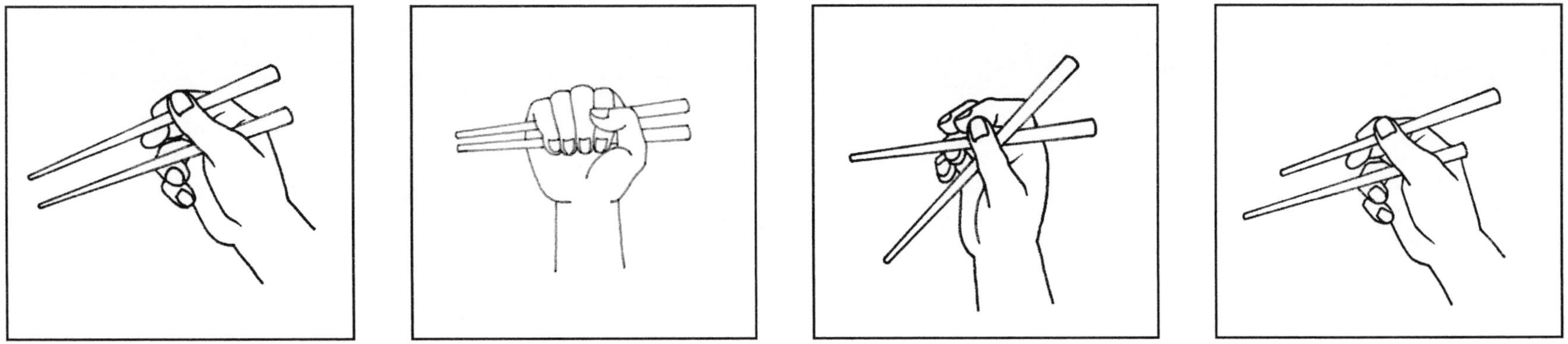

☆淑徳小学校

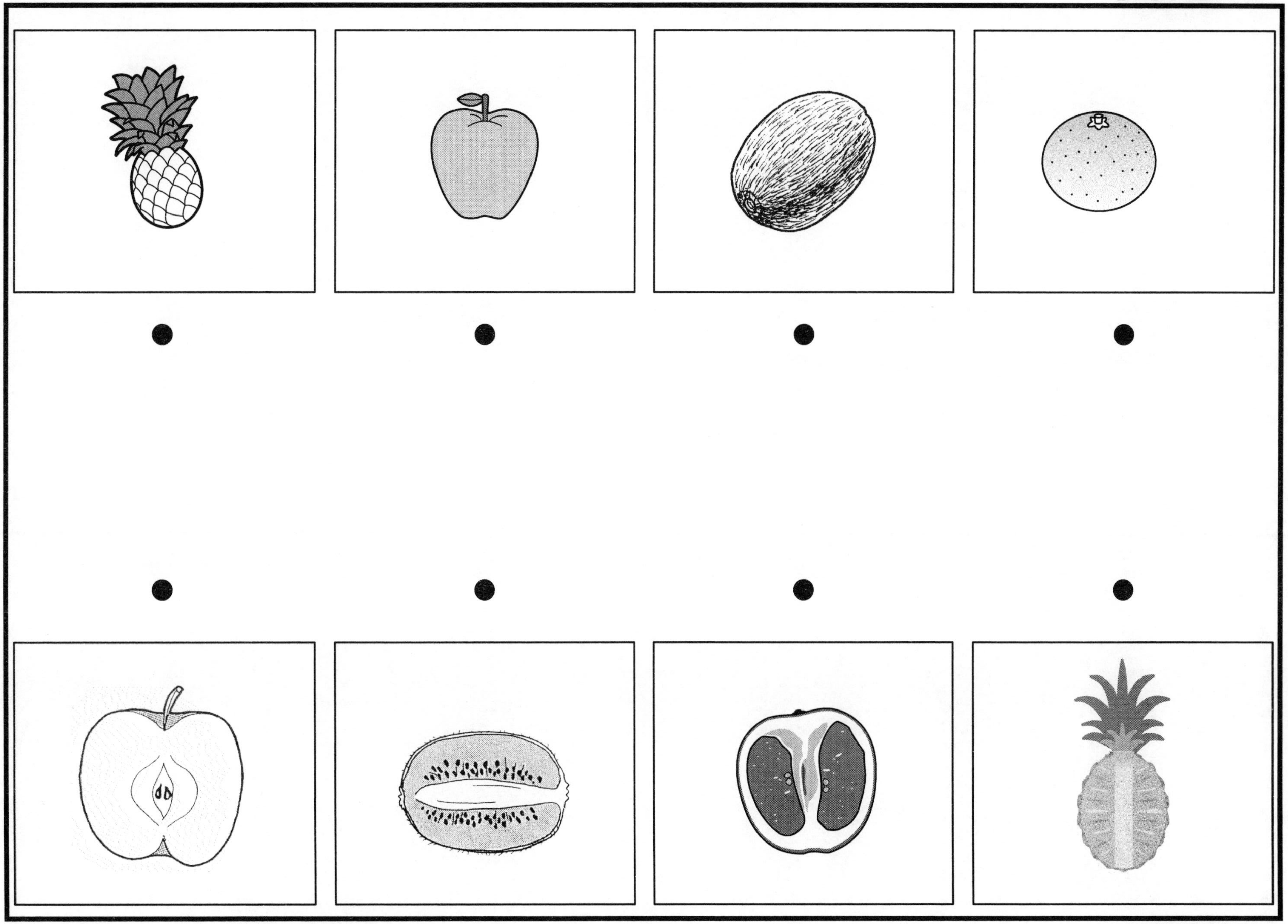

日本学習図書株式会社

☆淑徳小学校

問題１１

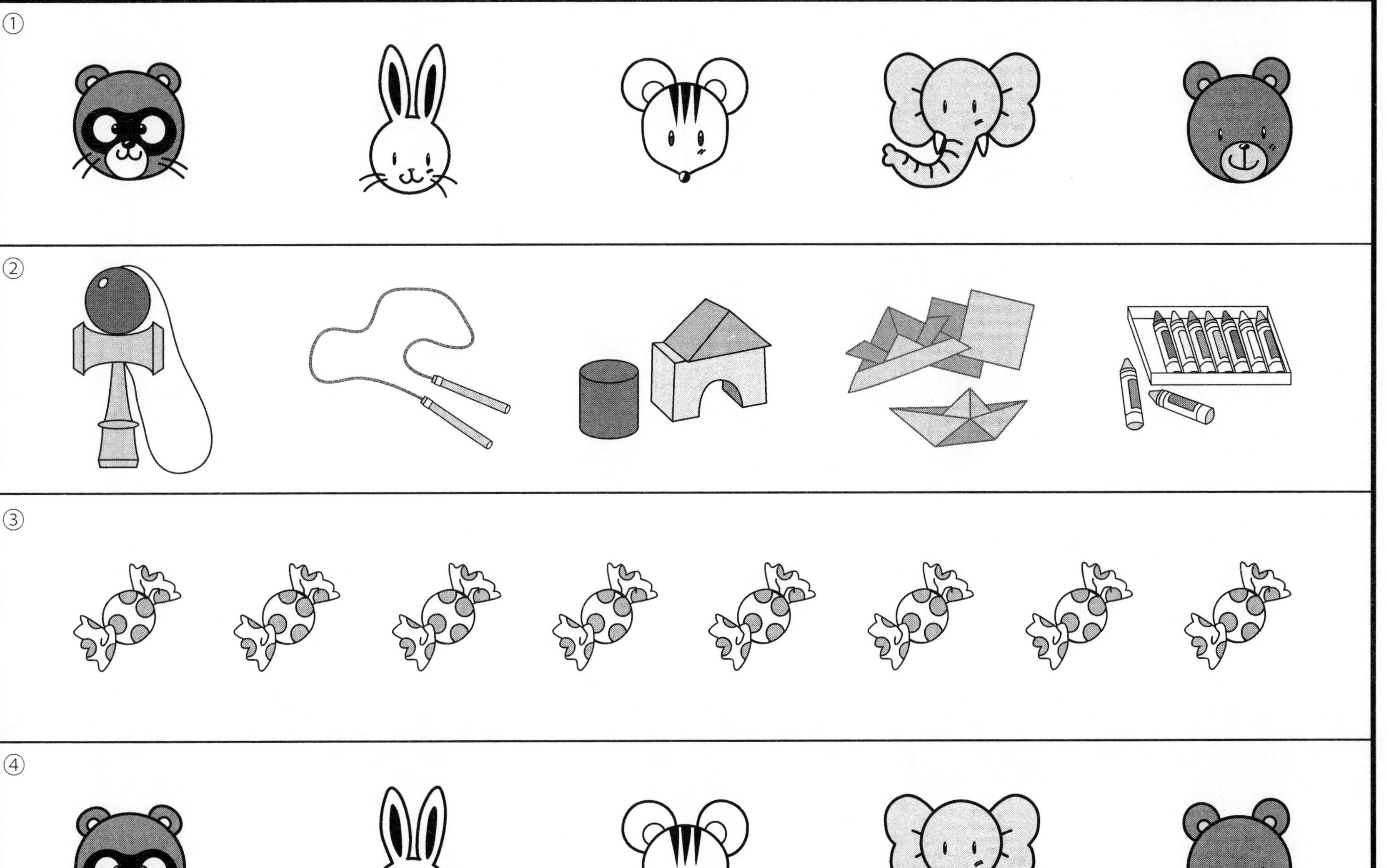

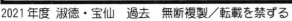

問題12－1

①

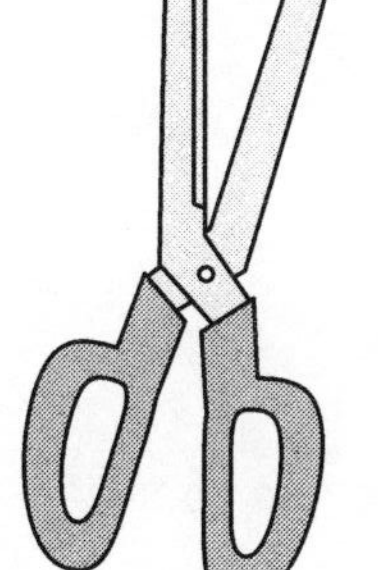

問題12－2

①

日本学習図書株式会社

問題１２－３

②

○	♡	
	□	×
△		

問題12－4

②

☆淑徳小学校

問題１３

①

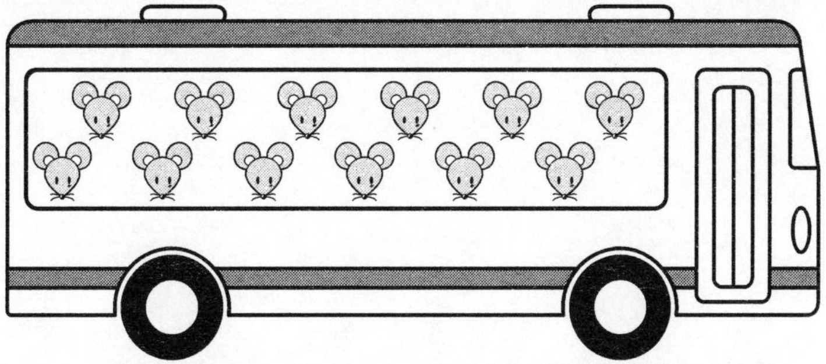

②

③

④

日本学習図書株式会社

☆淑徳小学校

問題１４－１

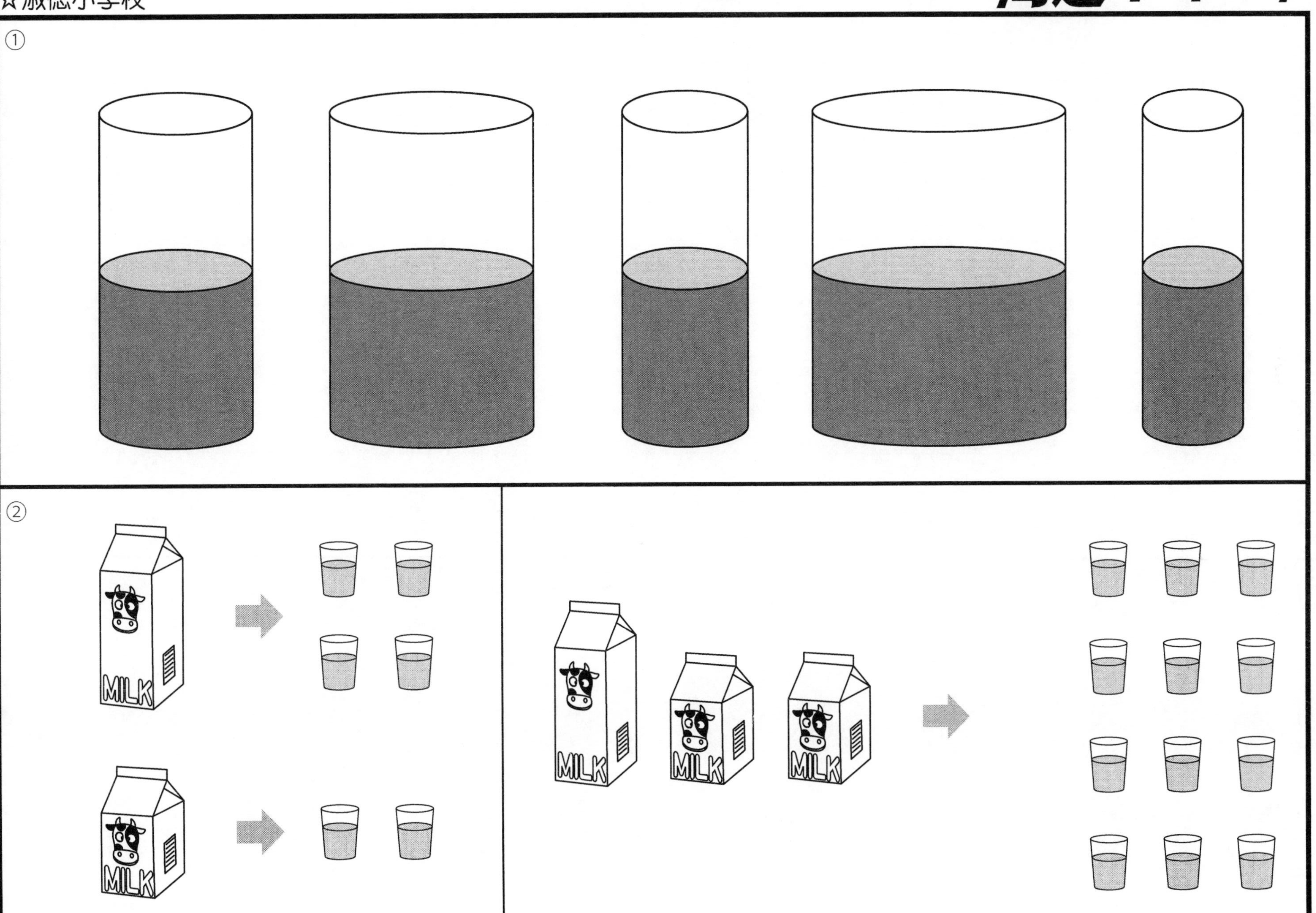

問題１４－２

③

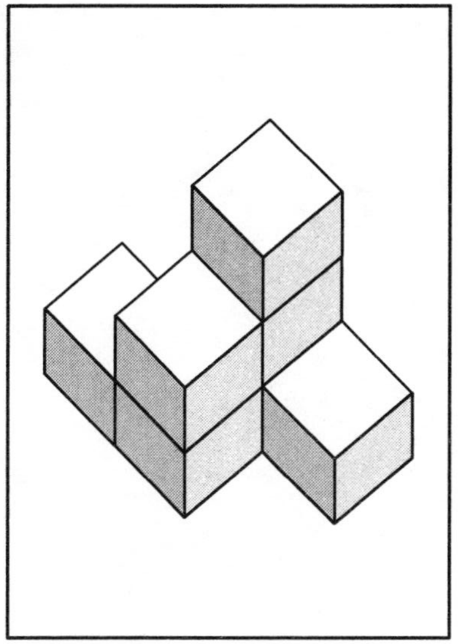

④

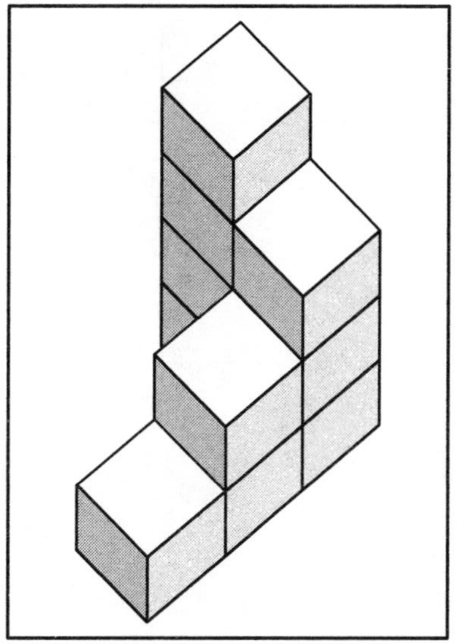

⑤

⑥

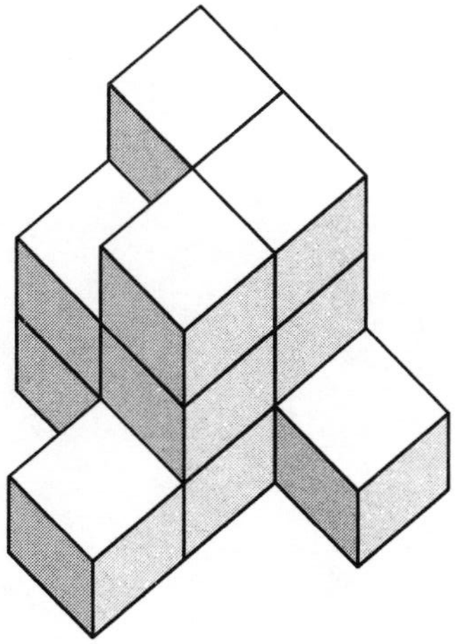

問題15

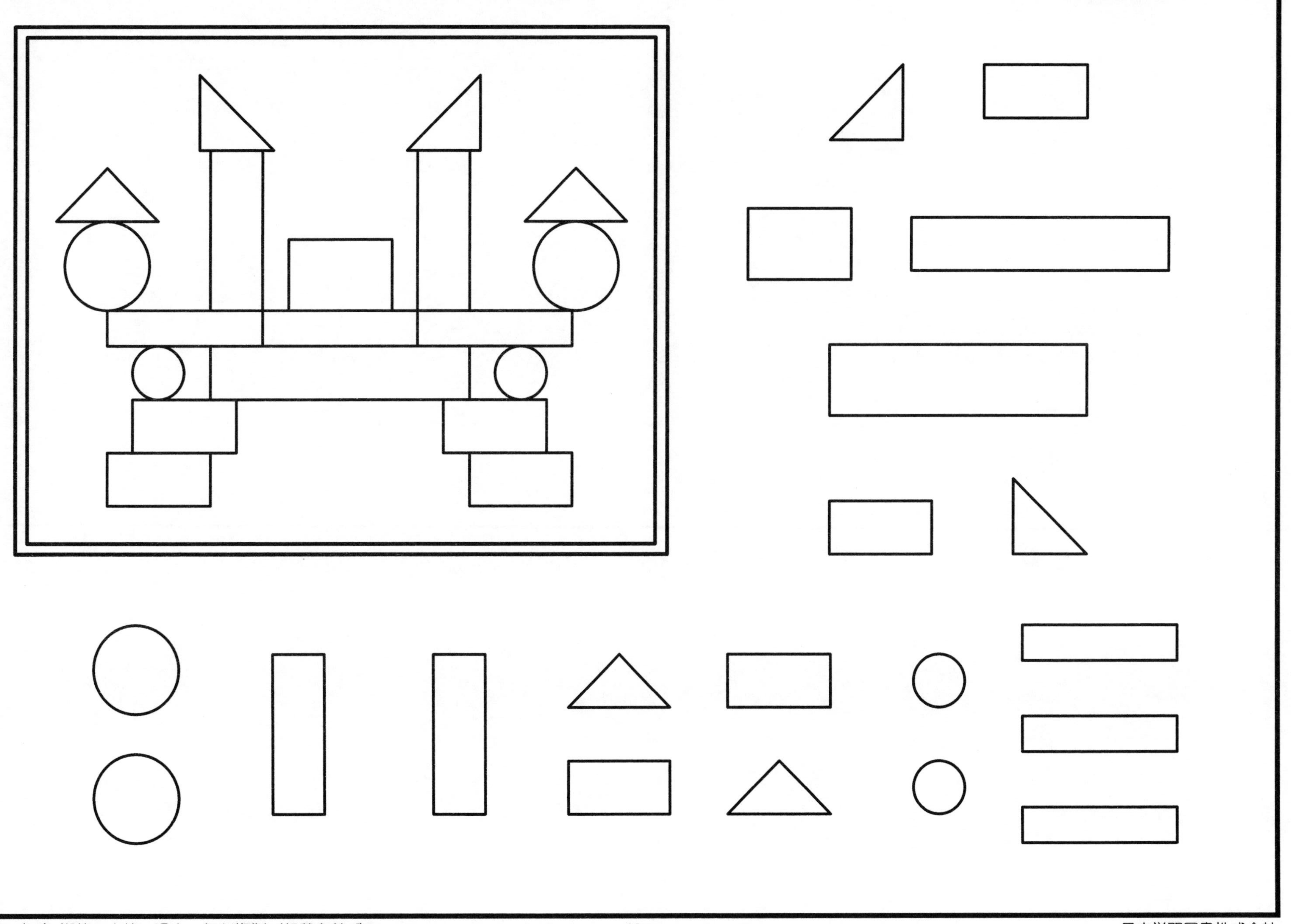

問題１６－１

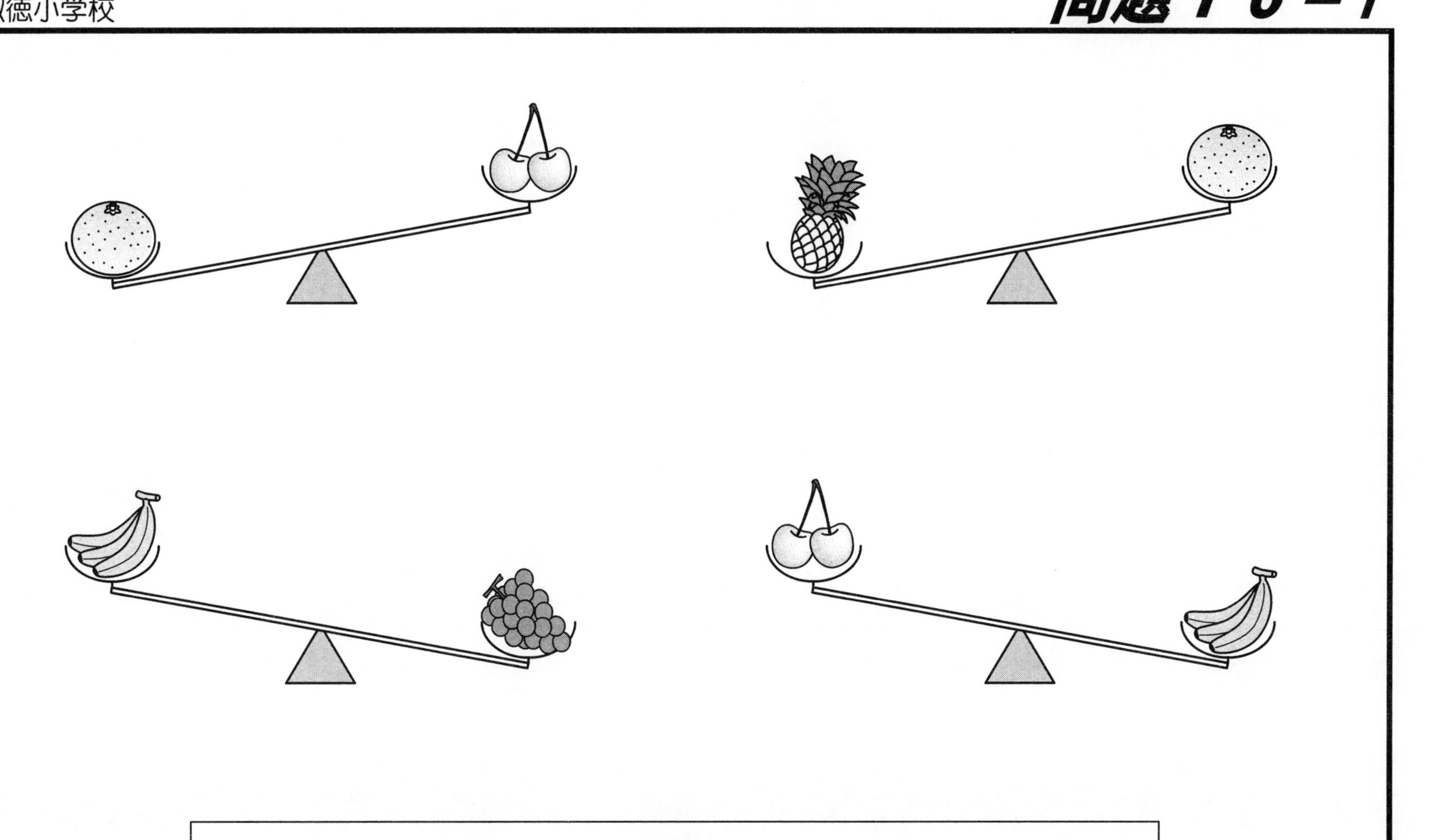

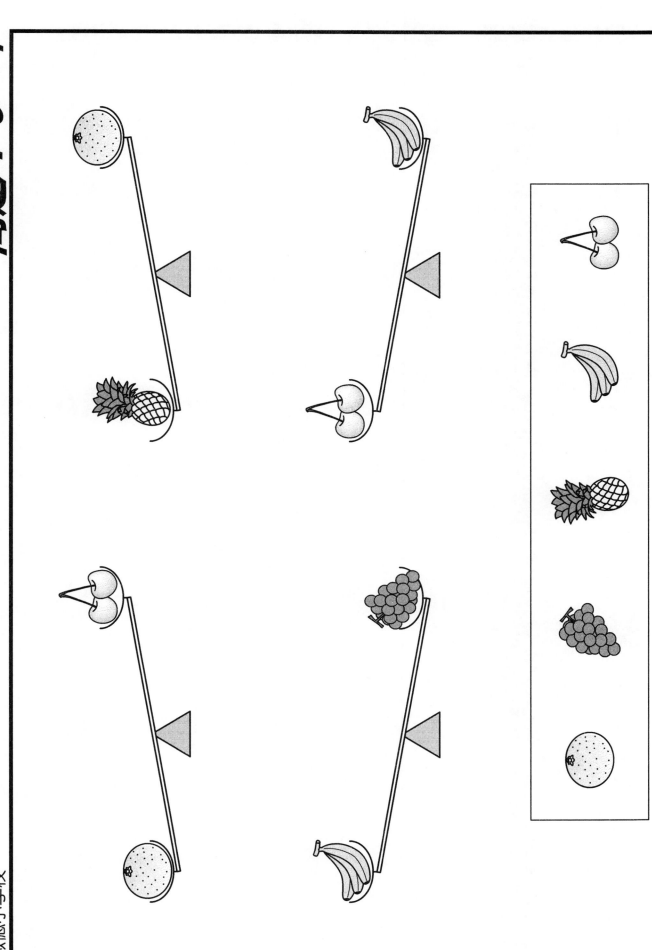

問題１６－２

日本学習図書株式会社

☆淑徳小学校

問題17

①

②

問題18

☆淑徳小学校

問題１９

①

②

③

④

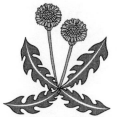

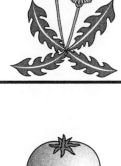

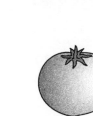

☆淑徳小学校

問題２０

①

②

③

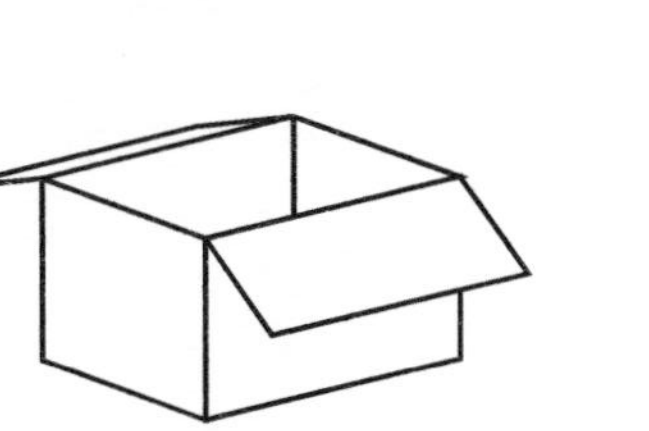
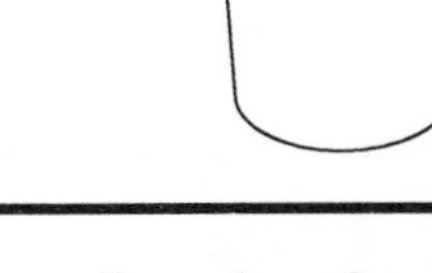
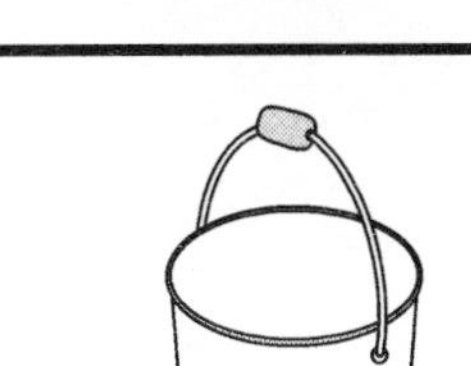
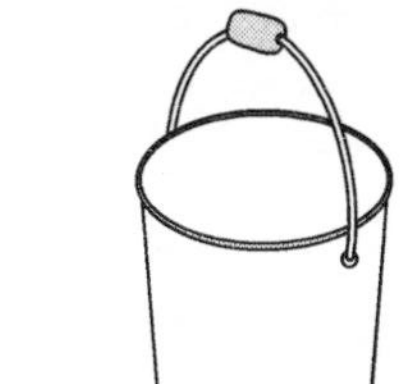
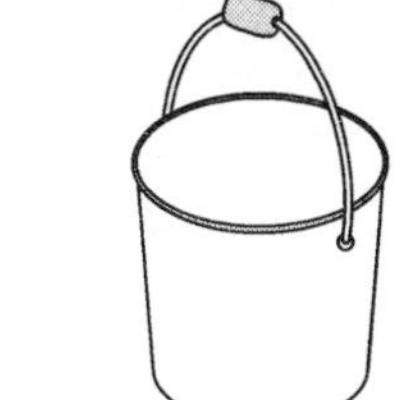
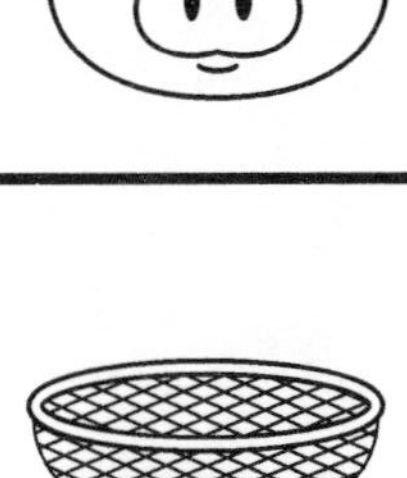
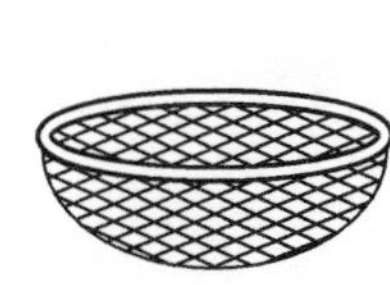
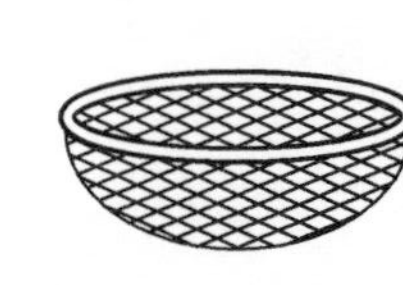
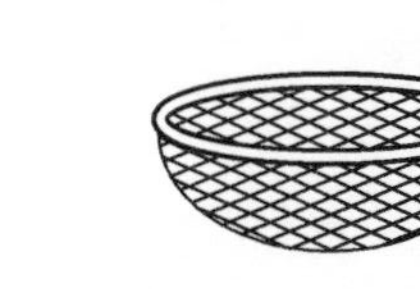
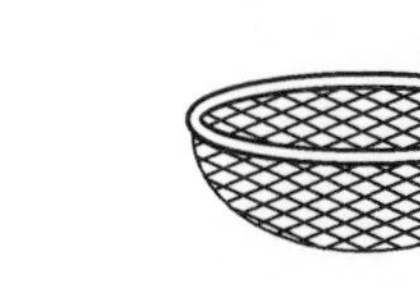
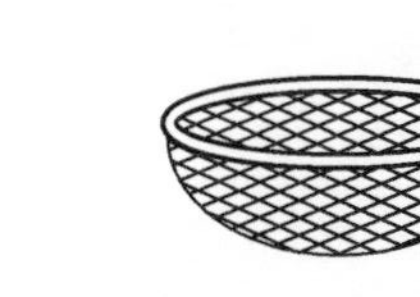

④

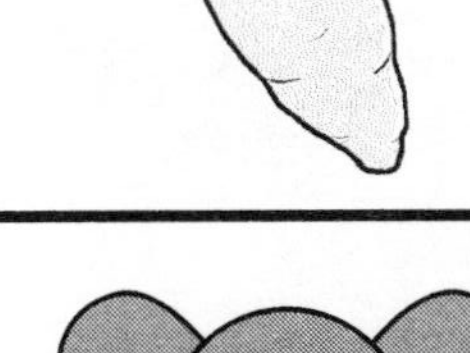
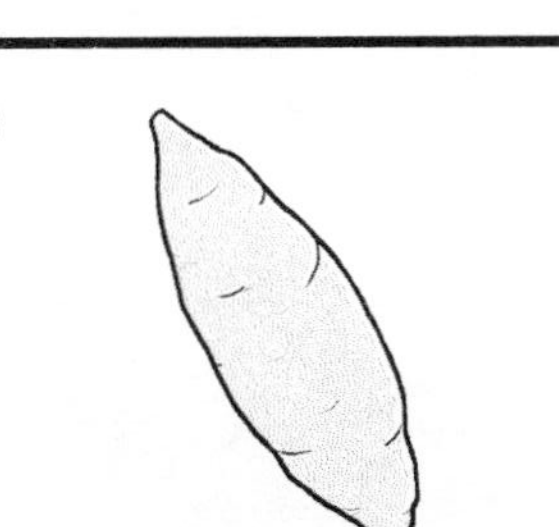
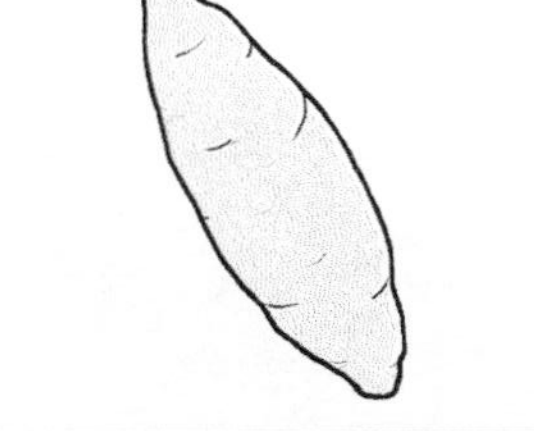
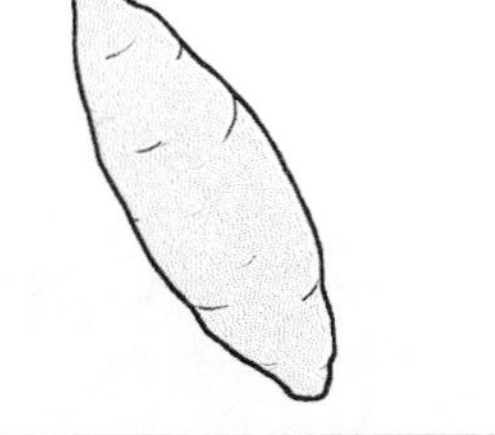
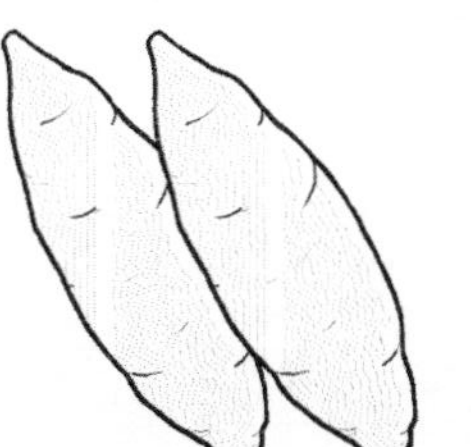
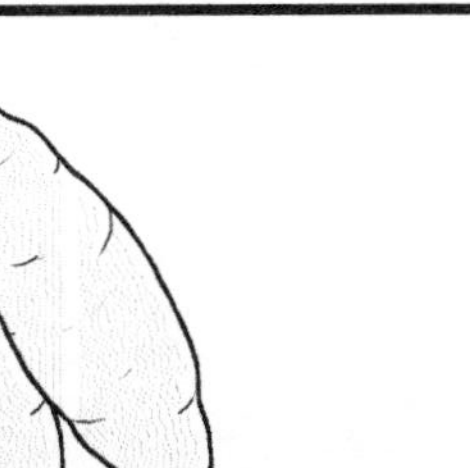
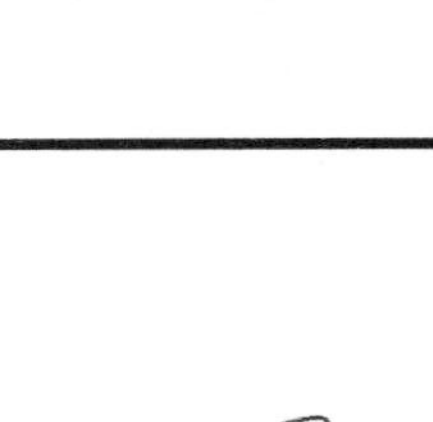

⑤

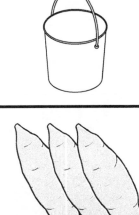

問題21－1

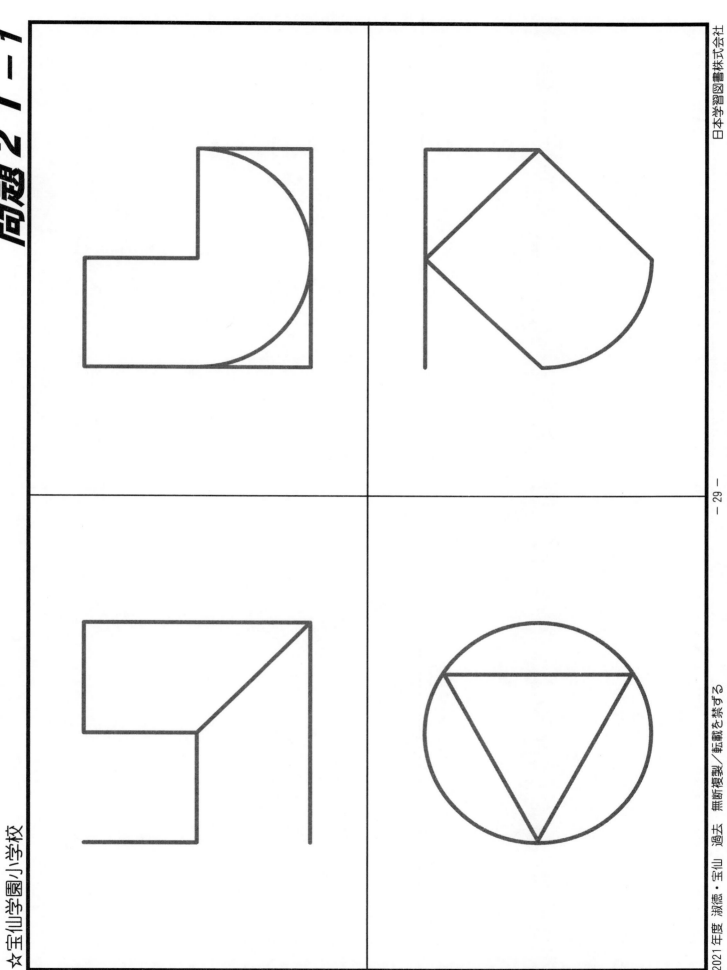

日本学習図書株式会社

問題２１－２

　

問題２２－１

	△	◎		×
◎			△	

問題２２－２

問題２３

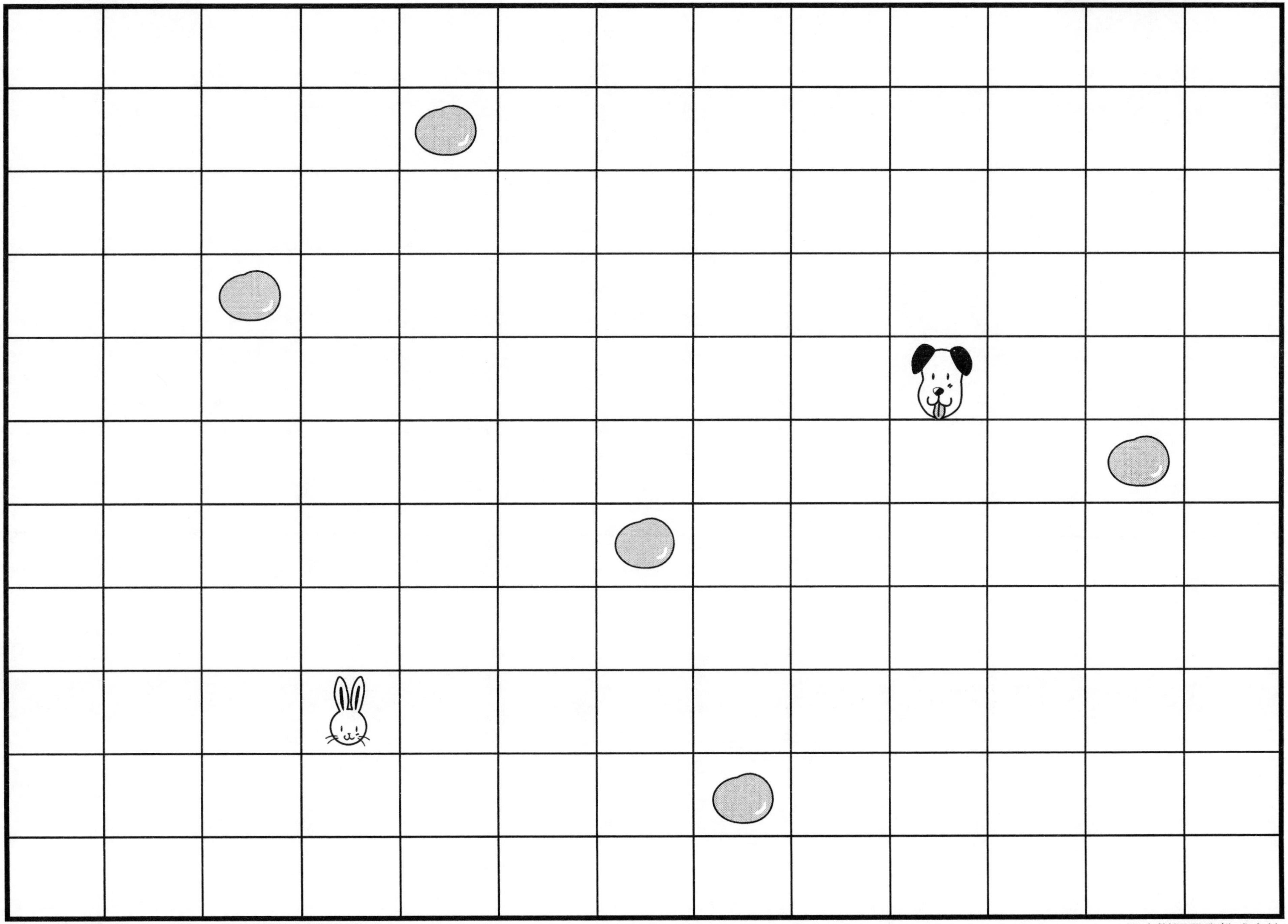

日本学習図書株式会社

問題２４

①

②

問題２５

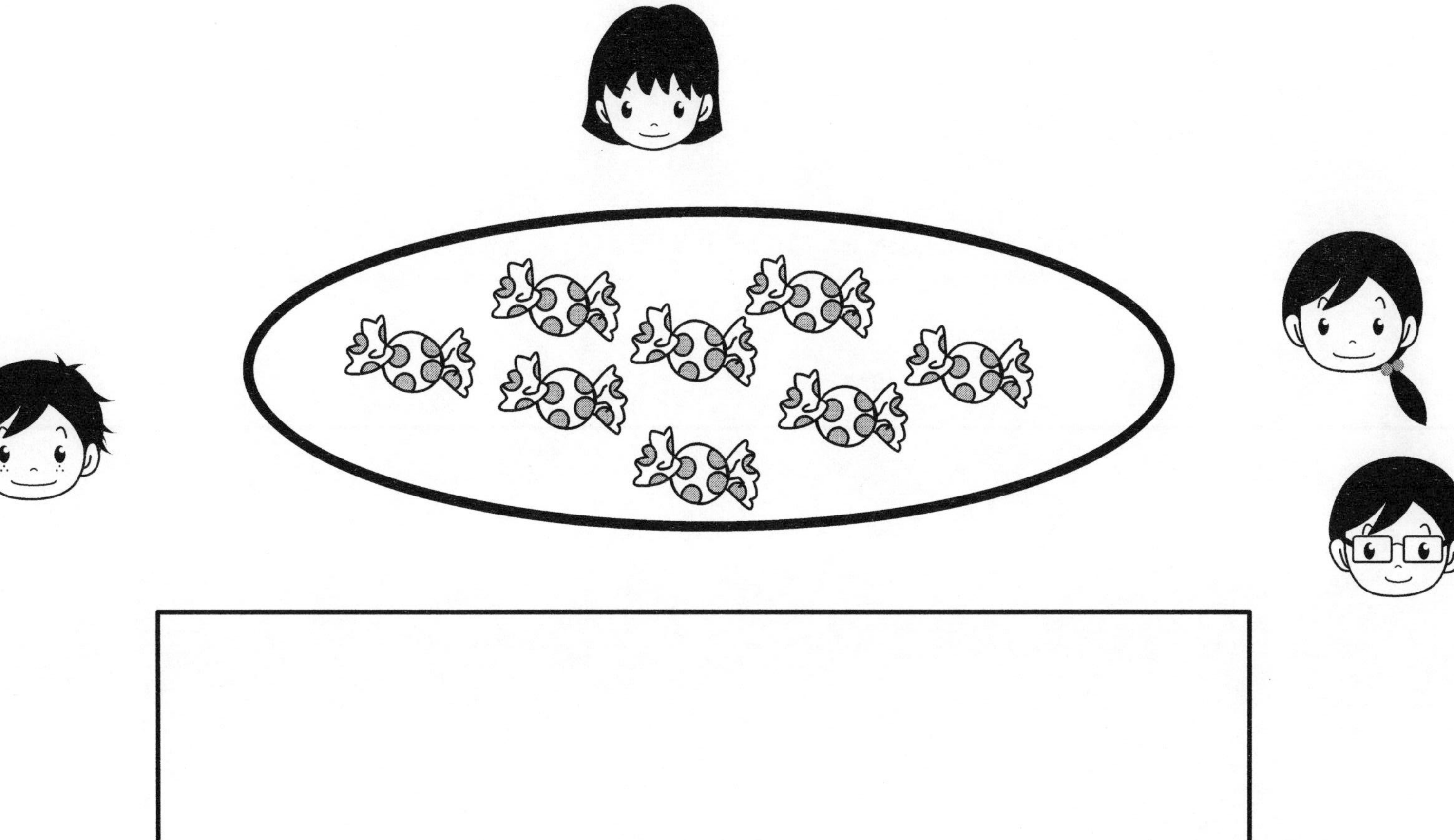

☆宝仙学園小学校

問題２６

①

②

問題２７

問題２８

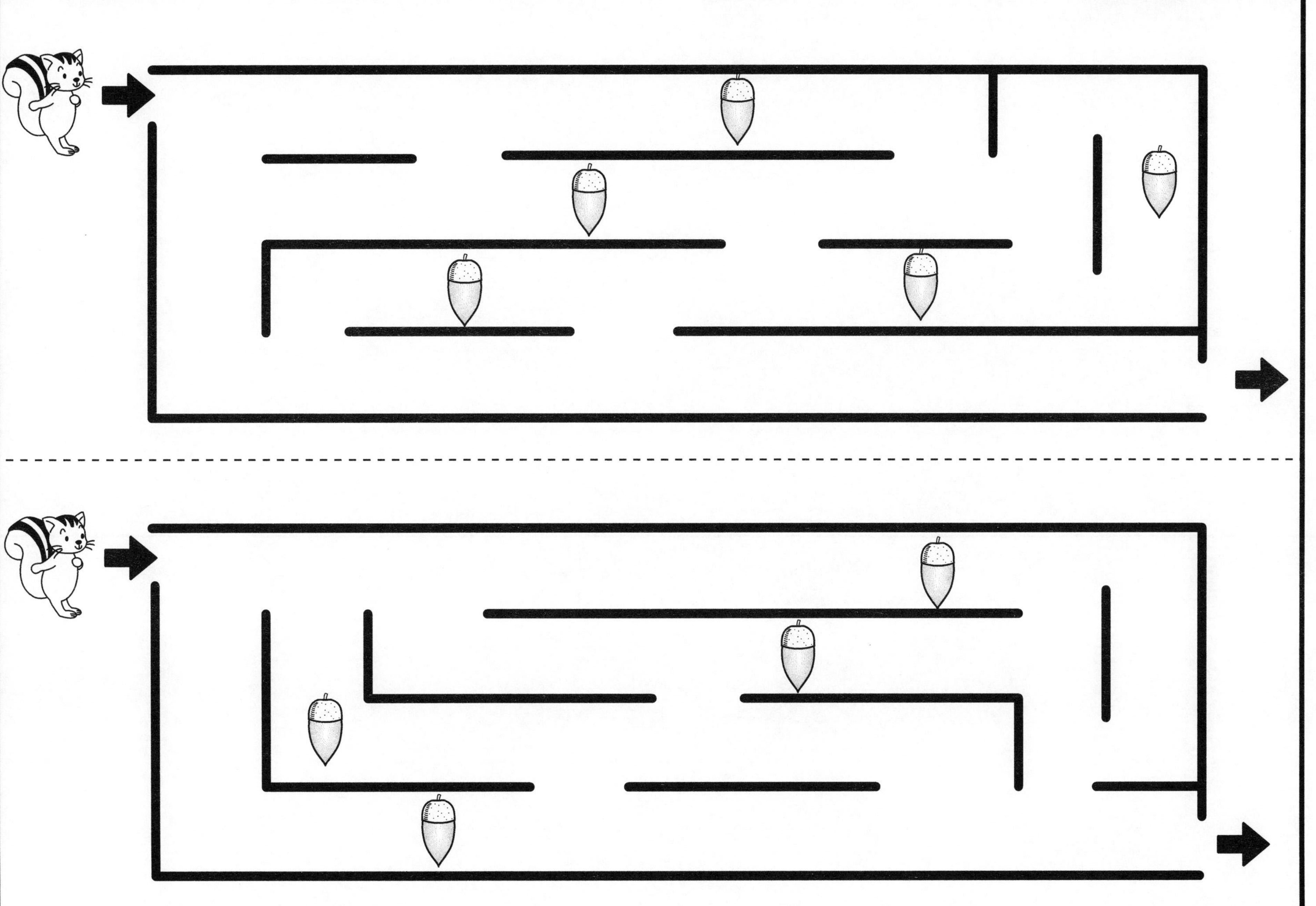

問題２９

①　あかずきんちゃんを　たすけたひとに　まるを　つけましょう。

きこり	めがみ	かりゅうど	おばあさん

②　しょくじの　ときに　つかうもの　ぜんぶに　ばつを　つけましょう。

ぬいぐるみ	はし	てれび	ちゃわん	クレヨン

③　なかまはずれを　ひとつ　みつけて、　まるを　つけましょう。

にんじん	たこ	まぐろ	えび	いか

④　いきものの　なまえで　しりとりをします。はじめのしかくに　はいるものに　さんかくを、　ふたつめの　しかくに　はいるものに　ばつをつけましょう。

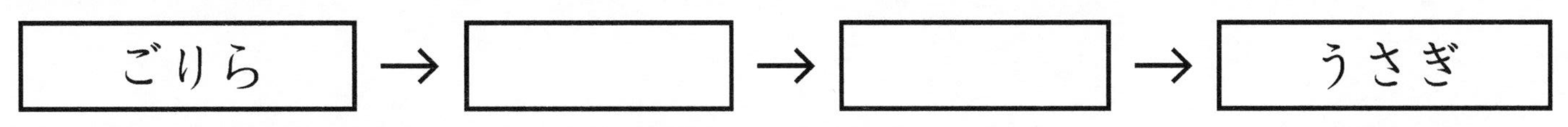

うみ	だちょう	らっぱ	てつぼう
ぱんだ	うなぎ	らくだ	らいおん

問題３２

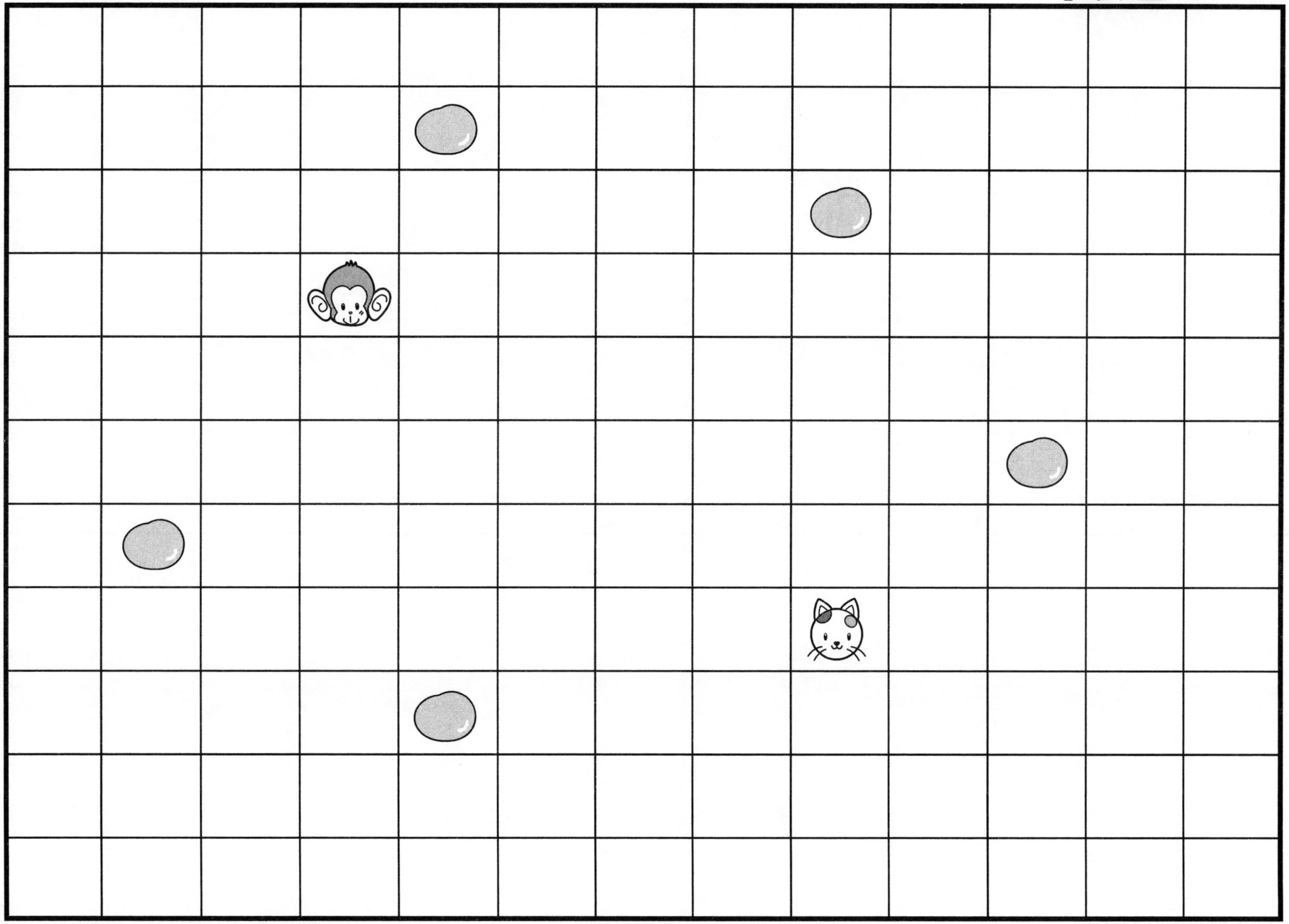

問題３３

☆宝仙学園小学校

①

②

問題３４

問題35

日本学習図書株式会社

問題３６

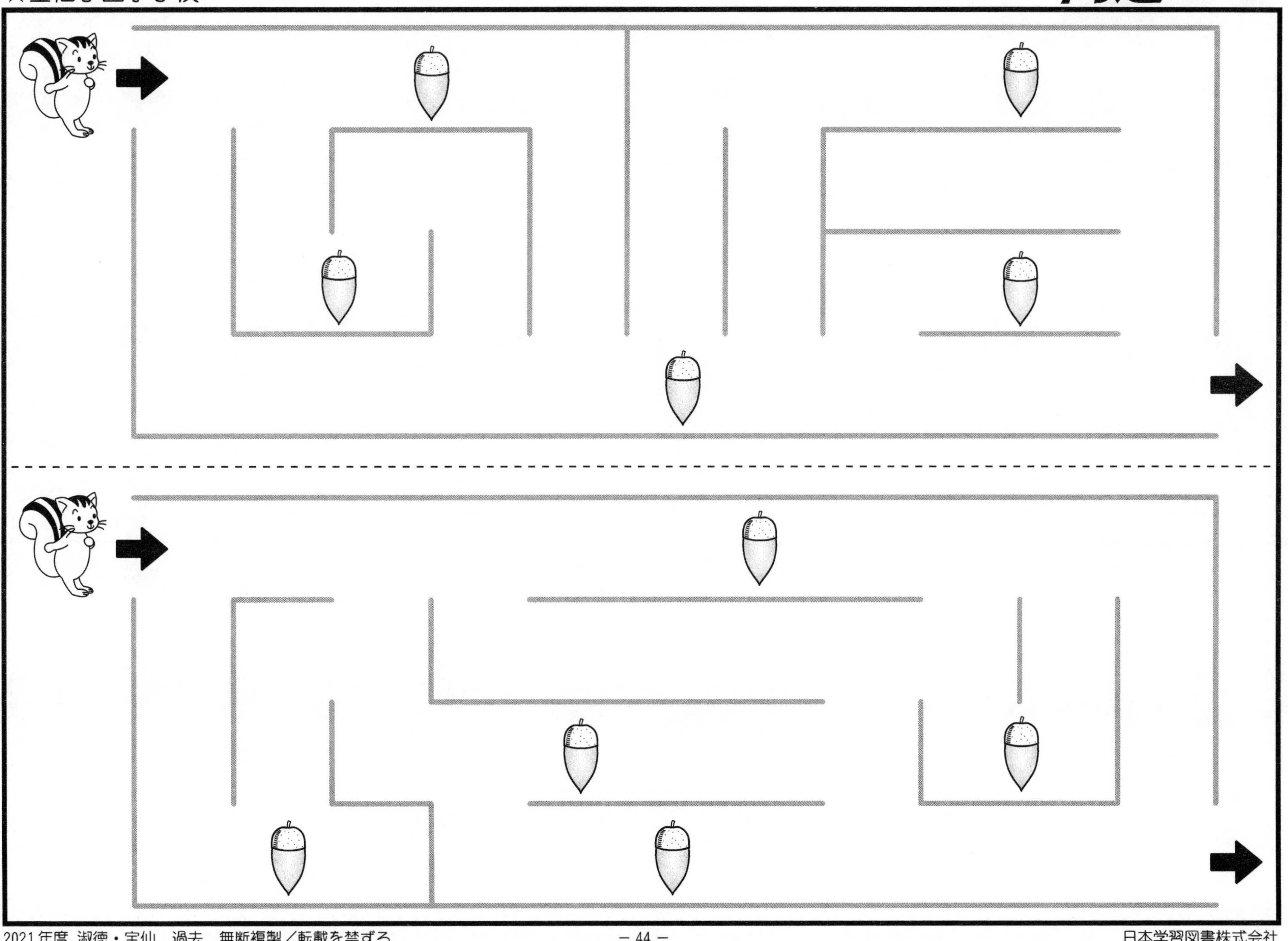

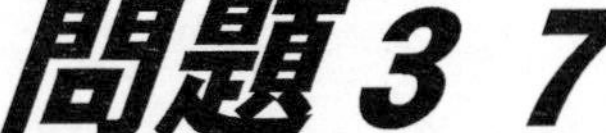

問題３７

①　さるかにがっせんで　さると　かにが　とりかえっこ　したものに　まるをつけましょう。

おむすび	たけのこ	かきのたね	とまとのたね

②　かみに　かくときに　つかわないもの　ふたつに　ばつを　つけましょう。

とけい	くれよん	ちゃわん	えんぴつ

③　おはなしの　ききかたで　よいものに　まるを　つけましょう。

ひじをつく	てをひざにおく	あいてのめをみる	おしゃべりをする

④　しりとりが　よっつ　つながるように　せんで　むすびましょう。

きゃべつ	りんご	つる	れたす	きゅうしょく
つみき	くわがた	つくえ	きりん	きなこ

日本学習図書株式会社

☆宝仙学園小学校

問題３８

○			△	
				×

	◎		○	
×		△		◎

問題３９

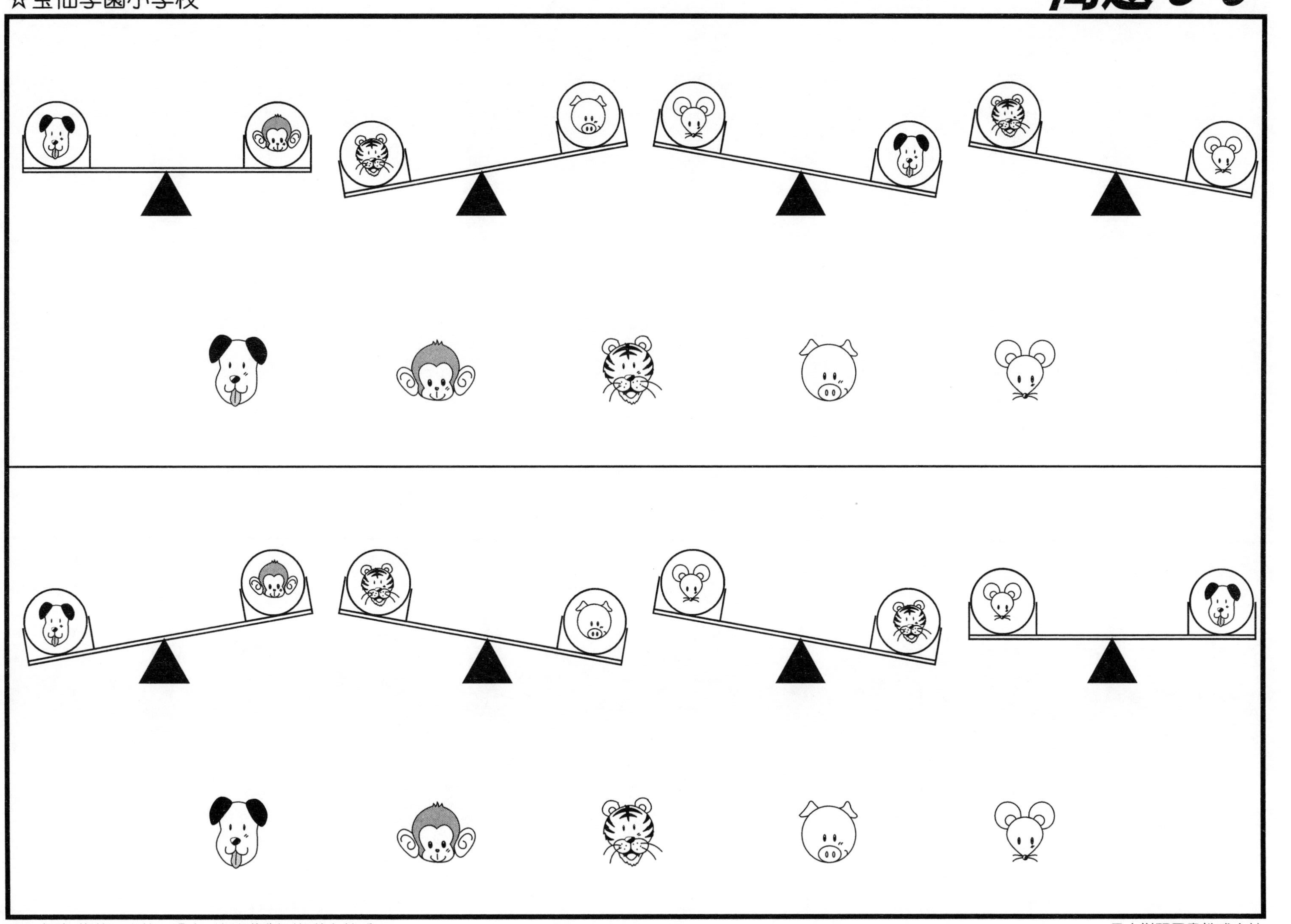

問題４０

①

②

図書カード 1000 円分プレゼント

ご記入日 令和　　年　　月　　日

☆国・私立小学校受験アンケート☆

※可能な範囲でご記入下さい。選択肢は○で囲んで下さい。

〈小学校名〉＿＿＿＿＿＿＿＿　〈お子さまの性別〉男・女　〈誕生月〉＿＿月

〈その他の受験校〉（複数回答可）＿＿＿＿＿＿＿＿

〈受験日〉①：＿＿月＿＿日〈時間〉＿＿時＿＿分　～　＿＿時＿＿分

②：＿＿月＿＿日〈時間〉＿＿時＿＿分　～　＿＿時＿＿分

〈受験者数〉男女計＿＿名（男子＿＿名　女子＿＿名）

〈お子さまの服装〉＿＿＿＿＿＿＿＿

〈入試全体の流れ〉（記入例）準備体操→行動観察→ペーパーテスト

＿＿＿＿＿＿＿＿

Eメールによる情報提供

日本学習図書では、Eメールでも入試情報を募集しております。

下記のアドレスに、アンケートの内容をご入力の上、メールをお送り下さい。

ojuken@nichigaku.jp

●行動観察

（例）好きなおもちゃで遊ぶ・グループで協力するゲームなど

〈実施日〉＿＿月＿＿日〈時間〉＿＿時＿＿分　～　＿＿時＿＿分〈着替え〉□有 □無

〈出題方法〉□肉声 □録音 □その他（　　　　）〈お手本〉□有 □無

〈試験形態〉□個別 □集団（　　人程度）

〈会場図〉

〈内容〉

□自由遊び

＿＿＿＿＿＿＿＿

□グループ活動

＿＿＿＿＿＿＿＿

□その他

＿＿＿＿＿＿＿＿

●運動テスト（有・無）

（例）跳び箱・チームでの競争など

〈実施日〉＿＿月＿＿日〈時間〉＿＿時＿＿分　～　＿＿時＿＿分〈着替え〉□有 □無

〈出題方法〉□肉声 □録音 □その他（　　　　）〈お手本〉□有 □無

〈試験形態〉□個別 □集団（　　人程度）

〈会場図〉

〈内容〉

□サーキット運動

□走り □跳び箱 □平均台 □ゴム跳び

□マット運動 □ボール運動 □なわ跳び

□クマ歩き

□グループ活動＿＿＿＿＿＿＿＿

□その他＿＿＿＿＿＿＿＿

●知能テスト・口頭試問

〈実施日〉 ＿＿月＿＿日 〈時間〉 ＿＿時＿＿分 ～ ＿＿時＿＿分 〈お手本〉 □有 □無

〈出題方法〉 □肉声 □録音 □その他（　　　　　） 〈問題数〉 ＿＿枚 ＿＿問

分野	方法	内　容	詳 細・イ ラ ス ト
（例） お話の記憶	☑筆記 □口頭	動物たちが待ち合わせをする話	（あらすじ） 動物たちが待ち合わせをした。最初にウサギさんが来た。次にイヌくんが、その次にネコさんが来た。最後にタヌキくんが来た。 （問題・イラスト） ３番目に来た動物は誰か
お話の記憶	□筆記 □口頭		（あらすじ） （問題・イラスト）
図形	□筆記 □口頭		
言語	□筆記 □口頭		
常識	□筆記 □口頭		
数量	□筆記 □口頭		
推理	□筆記 □口頭		
その他	□筆記 □口頭		

●制作　（例）ぬり絵・お絵かき・工作遊びなど

〈実施日〉　月　日〈時間〉　時　分　～　時　分

〈出題方法〉 □肉声 □録音 □その他（　　　）〈お手本〉□有 □無

〈試験形態〉 □個別 □集団（　　人程度）

材料・道具	制作内容
□ハサミ □のり（□つぼ □液体 □スティック） □セロハンテープ □鉛筆 □クレヨン（　色） □クーピーペン（　色） □サインペン（　色）□ □画用紙（□ A4 □ B4 □ A3 □その他：　　　） □折り紙 □新聞紙 □粘土 □その他（　　　）	□切る □貼る □塗る □ちぎる □結ぶ □描く □その他（　　　） タイトル：＿＿＿＿＿＿＿＿

●面接

〈実施日〉　月　日〈時間〉　時　分　～　時　分〈面接担当者〉　名

〈試験形態〉□志願者のみ（　）名 □保護者のみ □親子同時 □親子別々

〈質問内容〉

□志望動機　□お子さまの様子

□家庭の教育方針

□志望校についての知識・理解

□その他（　　　　）

（　詳　細　）

・

・

・

・

※試験会場の様子をご記入下さい。

例

校長先生　教頭先生

㊫　㋙　㊯

出入口

●保護者作文・アンケートの提出（有・無）

〈提出日〉 □面接直前　□出願時　□志願者考査中　□その他（　　　　）

〈下書き〉 □有　□無

〈アンケート内容〉

（記入例）当校を志望した理由はなんですか（150字）

日本学習図書株式会社

●説明会（□有　□無）〈開催日〉　　月　　日〈時間〉　　時　　分　～　　時　　分
〈上履き〉　□要　□不要　〈願書配布〉　□有　□無　〈校舎見学〉　□有　□無
〈ご感想〉

●参加された学校行事（複数回答可）
公開授業〈開催日〉　　月　　日〈時間〉　　時　　分　～　　時　　分
運動会など〈開催日〉　　月　　日〈時間〉　　時　　分　～　　時　　分
学習発表会・音楽会など〈開催日〉　　月　　日〈時間〉　　時　　分　～　　時　　分
〈ご感想〉
※是非参加したほうがよいと感じた行事について

●受験を終えてのご感想、今後受験される方へのアドバイス
※対策学習（重点的に学習しておいた方がよい分野）、当日準備しておいたほうがよい物など

＊＊＊＊＊＊＊＊＊＊＊＊＊　ご記入ありがとうございました　＊＊＊＊＊＊＊＊＊＊＊＊＊

必要事項をご記入の上、ポストにご投函ください。

なお、本アンケートの送付期限は入試終了後３ヶ月とさせていただきます。また、入試に関する情報の記入量が当社の基準に満たない場合、謝礼の送付ができないことがございます。あらかじめご了承ください。

ご住所：〒

お名前：　　　　　　　メール：

TEL：　　　　　　　FAX：

アンケートのご記入
ありがとうございました

ご記入頂いた個人に関する情報は、当社にて厳重に管理致します。弊社の個人情報取り扱いに関する詳細は、www.nichigaku.jp/policy.php の「個人情報の取り扱い」をご覧下さい。

分野別 小学入試練習帳 ジュニアウォッチャー

1．点・線図形	小学校入試で出題頻度の高い『点・線図形』の模写を、難易度の低いものから段階別に幅広く練習することができるように構成。
2．座標	図形の位置模写という作業を、難易度の低いものから段階別に練習できるように構成。
3．パズル	様々なパズルの問題を難易度の低いものから段階別に練習できるように構成。
4．同図形探し	小学校入試で出題頻度の高い、同図形選びの問題を繰り返し練習できるように構成。
5．回転・展開	図形などを回転、または展開したとき、形がどのように変化するかを学習し、理解を深められるように構成。
6．系列	数、図形などの様々な系列問題を、難易度の低いものから段階別に練習できるように構成。
7．迷路	迷路の問題を繰り返し練習できるように構成。
8．対称	対称に関する問題を４つのテーマに分類し、各テーマごとに問題を段階別に練習できるように構成。
9．合成	図形の合成に関する問題を、難易度の低いものから段階別に練習できるように構成。
10．四方からの観察	もの（立体）を様々な角度から見て、どのように見えるかを推理する問題を段階別に整理し、１つの形式で複数の問題を練習できるように構成。
11．いろいろな仲間	ものや動物、植物の共通点を見つけ、分類していく問題を中心に構成。
12．日常生活	日常生活における様々な問題を６つのテーマに分類し、各テーマごとに一つの問題形式で複数の問題を練習できるように構成。
13．時間の流れ	『時間』に着目し、様々なものごとは、時間が経過するとどのように変化するのかということを学習し、理解できるように構成。
14．数える	様々なものを『数える』ことから、数の多少の判定やかけ算、わり算の基礎までを練習できるように構成。
15．比較	比較に関する問題を５つのテーマ（数、高さ、長さ、量、重さ）に分類し、各テーマごとに問題を段階別に練習できるように構成。
16．積み木	数える対象を積み木に限定した問題集。
17．言葉の音遊び	言葉の音に関する問題を５つのテーマに分類し、各テーマごとに問題を段階別に練習できるように構成。
18．いろいろな言葉	表現力をより豊かにするいろいろな言葉として、擬態語や擬声語、同音異義語、反意語、数詞を取り上げた問題集。
19．お話の記憶	お話を聴いてその内容を記憶、理解し、設問に答える形式の問題集。
20．見る記憶・聴く記憶	「見て憶える」「聴いて憶える」という『記憶』分野に特化した問題集。
21．お話作り	いくつかの絵を元にしてお話を作る練習をして、想像力を養うことができるように構成。
22．想像画	描かれてある形や景色に好きな絵を描くことにより、想像力を養うことができるように構成。
23．切る・貼る・塗る	小学校入試で出題頻度の高い、はさみやのりなどを用いた巧緻性の問題を繰り返し練習できるように構成。
24・絵画	小学校入試で出題頻度の高い、お絵かきやぬり絵などクレヨンやクーピーペンを用いた巧緻性の問題を繰り返し練習できるように構成。
25．生活巧緻性	小学校入試で出題頻度の高い日常生活の様々な場面における巧緻性の問題集。
26．文字・数字	ひらがなの清音、濁音、拗音、拗長音、促音と１～20までの数字に焦点を絞り、練習できるように構成。
27．理科	小学校入試で出題頻度が高くなりつつある理科の問題を集めた問題集。
28．運動	出題頻度の高い運動問題を種目別に分けて構成。
29．行動観察	項目ごとに問題提起をし、「このような時はどうか、あるいはどう対処するのか」の観点から問いかける形式の問題集。
30．生活習慣	学校から家庭に提起された問題と思って、一問一問絵を見ながら話し合い、考える形式の問題集。

31．推理思考	数、量、言語、常識（含理科、一般）など、諸々のジャンルから問題を構成し、近年の小学校入試問題傾向に沿って構成。
32．ブラックボックス	箱や筒の中を通ると、どのようなお約束でどのように変化するかを推理・思考する問題集。
33．シーソー	重さの違うものをシーソーに乗せた時どちらに傾くのか、またどうすればシーソーは釣り合うのかを思考する基礎的な問題集。
34．季節	様々な行事や植物などを季節別に分類できるように知識をつける問題集。
35．重ね図形	小学校入試で頻繁に出題されている「図形を重ね合わせてできる形」についての問題を集めました。
36．同数発見	様々な物を数え「同じ数」を発見し、数の多少の判断や数の認識の基礎を学べるように構成した問題集。
37．選んで数える	数の学習の基本となる、いろいろなものの数を正しく数える学習を行う問題集。
38．たし算・ひき算１	数字を使わず、たし算とひき算の基礎を身につけるための問題集。
39．たし算・ひき算２	数字を使わず、たし算とひき算の基礎を身につけるための問題集。
40．数を分ける	数を等しく分ける問題です。等しく分けたときに余りが出るものもあります。
41．数の構成	ある数がどのような数で構成されているか学んでいきます。
42．一対多の対応	一対一の対応から、一対多の対応まで、かけ算の考え方の基礎学習を行います。
43．数のやりとり	あげたり、もらったり、数の変化をしっかりと学びます。
44．見えない数	指定された条件から数を導き出します。
45．図形分割	図形の分割に関する問題集。パズルや合成の分野にも通じる様々な問題を集めました。
46．回転図形	「回転図形」に関する問題集。やさしい問題から始め、いくつかの代表的なパターンから、段階を踏んで学習できるよう編集されています。
47．座標の移動	「マス目の指示通りに移動する問題」と「指示された数だけ移動する問題」を収録。
48．鏡図形	鏡で左右反転させた時の見え方を考えます。平面図形から立体図形、文字、絵まで。
49．しりとり	すべての学習の基礎となる「言葉」を学ぶこと、特に「語彙」を増やすことに重点をおき、さまざまなタイプの「しりとり」問題を集めました。
50．観覧車	観覧車やメリーゴーラウンドなどを舞台にした「回転系列」の問題集。「推理思考」分野の問題ですが、要素として「図形」や「数量」も含みます。
51．運筆①	鉛筆の持ち方を学び、点線なぞり、お手本を見ながらの模写で、線を引く練習をします。
52．運筆②	運筆①からさらに発展し、「欠所補完」や「迷路」などを楽しみながら、より複雑な鉛筆運びを習得することを目指します。
53．四方からの観察 積み木編	積み木を使用した「四方からの観察」に関する問題を練習できるように構成。
54．図形の構成	見本の図形がどのような部分によって形づくられているかを考えます。
55．理科②	理科的知識に関する問題を集中して練習する「常識」分野の問題集。
56．マナーとルール	道路や駅、公共の場でのマナー、安全や衛生に関する常識を学べるように構成。
57．置き換え	さまざまな具体的・抽象的事象を記号で表す「置き換え」の問題を扱います。
58．比較②	長さ・高さ・体積・数などを数学的な知識を使わず、論理的に推測する「比較」の問題を練習できるように構成。
59．欠所補完	線と線のつながり、欠けた絵に当てはまるものなどを求める「欠所補完」に取り組める問題集です。
60．言葉の音（おん）	しりとり、決まった順番の音をつなげるなど、「言葉の音」に関する問題に取り組める練習問題集です。